W0086554

Anna Maria Jokl

DIE REISE NACH LONDON

Wiederbegegnungen

Jüdischer Verlag
Frankfurt am Main

Erste Auflage 1999
© dieser Ausgabe
Jüdischer Verlag im Suhrkamp Verlag
Frankfurt am Main 1999
Alle Rechte vorbehalten, insbesondere das der Übersetzung,
des öffentlichen Vortrags sowie der Übertragung durch
Rundfunk und Fernsehen, auch einzelner Teile.
Kein Teil des Werkes darf in irgendeiner Form
(durch Fotografie, Mikrofilm oder anderes Verfahren)
ohne schriftliche Genehmigung des Verlages reproduziert
oder unter Verwendung elektronischer Systeme
verarbeitet, vervielfältigt oder verbreitet werden.
Satz: IBV Satz- und Datentechnik, Berlin
Druck: Nomos Verlagsgesellschaft, Baden-Baden
Printed in Germany

1 2 3 4 5 6 – 04 03 02 01 00 99

FLUG NACH LONDON

Von Haus zu Haus ziehen kostet ein Hemd
Von Ort zu Ort – ein Leben.

Bereshit raba Par. 39 Jalkut Bereshit 64

Ich saß in einer der ersten Reihen links am Fenster, wie immer, wenn man den Platz im Flugzeug wählen kann. Israels Küste war längst zurückgeblieben. Nach einer Stunde ungeteilter Bläue von Himmel und Meer tauchte eine große Insel auf. War es Kreta? Zypern? Rhodos? Flogen wir über die Türkei? Griechenland? Rumänien? Ich rief die Stewardeß. Sie zuckte die Schultern. Mein Nachbar zur Rechten senkte für einen Moment die *Financial Times*: »Ist das wichtig? Auf dem Weg nach London sind wir.« Durch Schäfchenwolken unten wurden nackte Felsengebirge sichtbar, vermutlich also Griechenland. Dann Wälder, weithin Flußläufe. Lunch wurde serviert, während wir wie die Götter halb Europa überflogen, und es wurde merklich kühler im Flugzeug; unten ein schneebedecktes Felsmassiv, wohl der Mont Blanc. Es wurden zollfreie Zigaretten, Parfums, Whisky verkauft. Zum ersten Mal meldete sich der Pilot über Lautsprecher: »Wir sind jetzt über Deutschland.« Deutschland. In Berlin hatte ich zu Ende der legendären zwanziger Jahre gelebt und am Anfang der apokalyptischen dreißiger, dann nach dem Kriege wieder länger als eine Dekade, bis 1965. Nun war ich auf dem Weg nach London, der Zuflucht während des Krieges; des Zweiten Weltkrieges, muß man hinzufügen. In Israel zählt man die Perioden nach seinen Kriegen.

Wieso ich in diesem Herbst 1977 beschloß, nach London zu fliegen, nach dem ich mich nie zurückgesehnt hatte, war nicht ganz deutlich. Nach Jahren ununterbrochenen Lebens in Jerusalem war ich unbeweglich wie die umgebenden Berge und in Gefahr, mich zu sehr zu verspinnen. Doch schien ich an einer Wende angelangt; etwas verlangte, wenn auch noch undeutlich, nach einer Bilanz. Keiner äußeren: Wie Gongschläge, die aus der Tiefe heraufkommen, leise, aber unüberhörbar. Dann muß man Distanz gewinnen, um zu unterscheiden, ob man nicht nur ermüdet ist von täglicher Routine oder ob es ernst ist.

Zuerst dachte ich an Rom. Rom war seit Jahren am Horizont, ausschließlich Rom, ohne anderes, weiteres Europaziel; nach jenen unbegreiflichen vierundzwanzig Stunden im Jahre 1959, auf der Rückreise von meinem zweiten Israel-Besuch, als ich binnen weniger Stunden Jerusalem, Hellas und Rom von oben sah im strahlenden Herbstlicht, und das heidnische Rom bei der Unterbrechung von vierundzwanzig Stunden dort mich, die aus Judäa kam, unbegreiflich und augenblicklich in seinen Bann schlug wie einst Josephus Flavius. Dann aber begriff ich, daß jetzt nicht der Zeitpunkt war für etwas Überwältigendes – auch praktisch überwältigend, mit fremder Sprache, unbekannter Währung, Stadtgeographie, mit Streiks und fremder politischer Unruhe. Die Gongschläge brauchten Neutralität. Da fiel mir London ein: kein Sprachproblem, bekannter Stadt- und U-Bahnplan, vertrautes Wetter und neutral wie Porridge. In London waren auch Freunde, sogar einstmalig gute, mit denen ich in all diesen Jahren dramatischer Lebensveränderungen, die keine Kraft zu mehr ließen, nur flüchtigen Kontakt gehalten hatte bei kurzen Familienvisiten, 1952, 1956. Nie nahe geworden, schien London abgelegt wie ein schlechtsitzendes Kleid, das dankenswert gegen Kälte geschützt hatte. Doch die Bäume würden jetzt im Herbst bunt sein, ich wollte wieder einmal gutes Theater sehen und einen Mantel aus Harristweed. Der Entschluß fiel fast von selbst. Ich schrieb ein paar Ankündigungsbriefe an Freunde von einst, an ein Hotel, buchte einen Dreißig-Tage-Flug mit der leisen Sorge, ob das nicht zu lang wäre, und war nun, wie mein Nebenmann gesagt hatte »auf dem Weg nach London«. Für ihn war das »the first leg«, die erste Etappe auf seinem Heimflug nach New York, und dauerte viereinhalb Stunden. Ich war indessen siebenundzwanzig Jahre zurückgeflogen.

RIP VAN WINKLE

Der Chauffeur im Autobus war ein Inder, der Schaffner ein Schwarzer. In der Untergrundbahn, auf die ich an meinem ersten Londoner Tag auf dem Weg zur Oxford Street umstieg, war kein Personal, nur der Beamte am Fahrkartenschalter und der Kontrolleur an der Sperre des Zielbahnhofs. Der Schalterbeamte in Swiss Cottage war ein Engländer, der Kontrolleur am Marble Arch, der die Karte abnahm, hatte auf jeder seiner schwarzen Wangen heimatliche Initiationsschnitte.

Da war er wieder, der Marble Arch, im Zentrum des imperial weiten Platzes am Hyde Park – noch gewaltiger als in der Erinnerung, sonst unverändert im dunstigen Septembergrau; unverändert die Oxford Street, sichtbar in ihrer ganzen Länge bis zum weit entfernten Ende, nunmehr abgestöpselt von einem fünfzig Stockwerke hohen Bürohaus aus Stahl und Glas. Sonst keine neuen Gebäude in der ungebrochenen Front der mächtigen alten Geschäftshäuser, wo kein einziger Meter auf all diesen Kilometern ohne Läden oder Schaufenster ist. Alle wohlbekannten Namen waren unverändert da – *Selfridge's, Marks & Spencer, C & A, Dolcis*. Auf der Fahrbahn fuhren – verwirrend links – nur noch Autobusse, noch immer mit dem tollkühnen Auf- und Abspringen während der Fahrt, und Taxis, alles lautlos, zivilisiert, ohne zu hupen, Privatwagen waren auf lange Umwege in Nebenstraßen verbannt. Auf den breiten Gehsteigen ein Menschenstrom, dicht, wie anderswo nur nach einem Fußballmatch – Deutsche, Italiener, Norweger, Griechen, vor allem aber braune Gesichter, schwarze, gelbe. Niemand sprach laut, niemand flanierte, niemand traf Bekannte. Kompakt, schnell, ohne zu drängen, nicht aufeinander bezogen, meist schweigend schob sich diese Menschenmasse die Oxford Street entlang, die Regentstreet, den Piccadilly, die Shaftsbury Avenue, ohne abzunehmen. Denn so viele auch in den vollen Geschäften und Warenhäusern verschwanden, ebenso viele kamen durch andere Türen heraus.

Die Futurologen sagen voraus, daß, wenn die Bevölkerungsexplosion weiter anhält, in fünfzig bis hundert Jahren auf der Erde nur noch Platz zum Stehen sein werde. Im Zentrum Londons schien dieser Alptraum bereits Wirklichkeit geworden zu sein. Die relativ seltenen, deutlich an Stil und Körperbau erkennbaren Engländer nahmen das bunte Gemisch anscheinend nicht zur Kenntnis. Sie wirkten so, als wären sie sich ihrer Identität nicht ganz sicher. Auch ein Großteil der – raren – Verkäuferinnen in den Geschäften und der Kellnerinnen in den Cafeterien waren braun, gelb, schwarz.

Nun fiel mir auf, was ich nur halb bewußt durch das Autobusfenster im Wiedererkennen der stereotypen Konturen der Londoner Außenbezirke – die meisten in ihren Einkaufszentren zum Verwechseln ähnlich, mit immer denselben Filialen derselben Ketten – wahrgenommen hatte: die Veränderung der Einwohnerschaft.

Was war hier geschehen in den siebenundzwanzig Jahren?

Äußerlich unverändert, hatte sich die Schale mit anderen Inhalten gefüllt. London schien eine farbig gemischte Stadt geworden zu sein.

Wie konnte so Undenkbares in so kurzer Zeit geschehen? Es war sozusagen gestern gewesen, daß ich London verlassen hatte. Die siebenundzwanzig Jahre dazwischen (die kurzen Stippvisiten zählten nicht), obgleich sie in meiner persönlichen Historie drei Lebensperioden bedeuteten, waren merkwürdigerweise mit der Rückkehr wie ausgelöscht. Damals wie heute war JETZT. Und ich kam mir vor wie Rip van Winkle, der nach kurzem Schlaf in sein Dorf zurückkehrt und dort neue Geschlechter vorfindet, nach deren Zeit inzwischen hundert Jahre vergangen waren. Ich war noch immer dieselbe, während mit London eine unfaßbare Veränderung vorgegangen war. Das Empire, dessen Besitz seit zweihundert Jahren das britische Selbstgefühl unerschütterlich bestimmt hatte, war auseinandergefallen, und dies hier war das Resultat. Gefangen in der einstmals vorteilhaften administrativen Fiktion, Bewohner von Dominions und Kolonien zu »British subjects« zu erklären, konnte Großbritannien nun, da der Wind sich gedreht hatte und die Flutwelle geschichtlich rückläufig die Insel erreichte, Hunderttausenden »British subjects« aus allen Himmelsrichtungen nicht das Recht verweigern, England als ihre Heimstätte anzufordern. Und so waren sie gekommen – womit nie gerechnet worden war –, den Blankoscheck einzulösen, die Pakistaner, die Schwarzen aus Barbados, die Araber, die Inder aus Uganda und Bengal und die Malayen; sie kamen mit Kind und Kegel, mit ihren heimatlichen Sitten, Religionen, Messern, Instrumenten und Gewürzen und ihrer Armut, um das verbriefte Heimatrecht auf Great Britain in Anspruch zu nehmen.

Wie anders war England damals, 1939, als wir – Flüchtlinge aus der Tschechoslowakei – gekommen waren, knapp vor Ausbruch des Zweiten Weltkriegs ...

Der erste Eindruck, den England vom Zugfenster aus machte, war unschön und traurig, als wir, eine Horde abgerissener Flüchtlinge, mehr als eine halbe Stunde durch das Weichbild der Riesenstadt London fuhren, mit seinen monotonen niedrigen Ziegelhausreihen und Fabrikgeländen. Die Zollbeamten in Tilbury – dem Hafen, wo unser speziell vom *Czech Trust Fund* geheuertes Schiff aus Schweden gelandet war –, nachdem wir am Tag vorher, die ganze Reise im plombierten Waggon, das märchenhaft geordnete Schweden durchquert hatten; wohin uns ein schwedisches Traumschiff mit makellosen blonden Stewards aus Gdynia geholt hatte; Gdynia, dem polnischen Zwillingshafen zum deutschen Danzig, wo an jenem 1. Mai 1939, wie wir von ferne sahen, die Hakenkreuzfahnen flatterten und das, genau vier Monate später, zum Anlaß der englisch-französischen Kriegserklärung an Nazi-Deutschland wurde (ach, für uns, ach, für Europa, ach, für die Welt um ein entscheidendes Jahr zu spät!); Gdynia, wohin wir durch den Polnischen Korridor aus dem Massenlager Kattowitz plombiert gebracht worden waren – die Zollbeamten im südenglischen Tilbury also konnten nur mit englischer *stiff upper lip* die erstaunte Überlegenheit verbergen vor dieser Menschenfracht, von der kaum einer einen Koffer und gültige Papiere zur Zollkontrolle vorzulegen hatte. Dabei waren wir für England die ersten Schwalben. Die Massen der republikanischen Kämpfer aus Spanien flüchteten über die Pyrenäen nach Frankreich. Aus Deutschland und Österreich durfte es nur individuell nach England tröpfeln.

Wir standen als »Flüchtlinge aus der Tschechoslowakei« unter dem Schutz des *Czech Trust Fund.* Der liberale (spätere Lord) Layton, Herausgeber des *News Chronicle,* hatte ihn 1938 ins Leben gerufen, zusammen mit anderen führenden britischen Persönlichkeiten, die sich moralisch verpflichtet fühlten für die Folgen der Münchner Unterschrift ihres Premierministers Chamberlain.

Der *Czech Trust Fund* organisierte hervorragend und großzügig. Es wurden Hostels auf dem Lande eingerichtet, die sich selber verwalten durften. In London mietete man die Canterbury Hall, die zum Zentrum der vorwiegend tschechoslowakischen Emigranten wurde.

Canterbury Hall war knapp vor dem Krieg fertiggestellt worden, ein quadratischer sechsstöckiger Bau um einen Innenhof, geplant für einige hundert Studenten aus den Dominions, die nun nicht kamen. Den Innenhof bildete die gläserne Decke des großen Speisesaals im Souterrain. Wie durch ein Wunder landete eine deutsche Landmine am Anfang des »Blitz« auf London, ohne das Gebäude selber zu treffen, in eben jenem Speisesaal, kurze Zeit nachdem wir ihn verlassen hatten. Für diejenigen, die bereits in Prag als Emigranten aus Deutschland und Österreich gelebt hatten, bedeutete London materiell eine außerordentliche Verbesserung; denn in Prag hatte man, außer in freien Berufen, nicht arbeiten dürfen und oft auch gehungert. Trotzdem liebten wir alle Prag vom ersten bis weit über den letzten Moment hinaus, wegen der geschichtsträchtigen Schönheit der Stadt, der Wärme der Tschechen, an denen, an jedem einzelnen, man noch den unbürgerlich-lebendigen Hauch ihrer erkämpften nationalen Selbständigkeit spürte; wegen der Großzügigkeit, mit der man Emigranten Asylrecht gab; wegen ihres todkühnen Widerstands, wo Europa schon defätistisch war. Und so wurde die Besetzung der Tschechoslowakei nach dem Abkommen von München, das wir miterlebt hatten – o die traurigen Lichter, die wieder angingen am Wenzelsplatz, nach der hoffnungsvollen Verdunkelung! –

auch zu unserem Trauma. Wir waren England dankbar für das Asyl, aber bitter, wenn wir an die Ausgelieferten drüben dachten. Die Engländer, urteilten wir, wußten nicht, was der Nationalsozialismus war. Wir wußten es; meinten wir, 1939.

Wir wußten es auch nicht. Noch nicht.

Der *Czech Trust Fund* wurde dem Home Office unterstellt, dem Innenministerium. Man begegnete uns korrekt, aber wir spürten in jedem Moment, daß wir *foreigners* von Gott weiß woher waren, und nicht erwachsene Menschen, die durch anderer Schuld nun abhängig geworden waren. Wie trat England uns entgegen! Als Archetyp der konservativen alten Jungfer, die die Canterbury Hall leitete; auch als eine viel intelligentere, kultivierte Akademikerin, lächelnd und mit keinem menschlich vertrauenswürdigen Wort. Als Ratte in Scotland Yard, wie eine bösartige Karikatur aus einem antibritischen Ben-Hecht-Film. Wir waren erstaunt, wenn auch dankbar, betroffen, beleidigt.

Daß es so sehr erstaunte, betraf, beleidigte, war unsere Schuld. Denn es betraf nicht uns, sondern alles, was nicht britisch war. Damals. Doch inzwischen begann der Krieg, und Englands große Stunde war gekommen, unter dem lange als *Maverick,* als Einzel-, als Draufgänger eingeschätzten Winston Churchill. Noch einmal schien ein historischer Geist das Leben zu beleben mit tollkühner, vielleicht naiver Entschlossenheit, nach dem Fall Europas allein der Nazi-Gorgo entgegenzutreten, auf Tod und Leben.

Die ersten Maßnahmen waren rührende Improvisationen, wie die Verbarrikadierung der flachen Südküste mit zwei, drei Lagen Stacheldraht (ich war bei Kriegsausbruch in einem Hostel, das auf einem Kliff zehn Meter über dem Meer stand), den paar alten Kanonen; aber auch die heroische Ausfahrt Hunderter kleiner Boote, die sich in eigener Initiative aufmachten hinüber zur europäischen Küste, um nach der Katastrophe von Dunkirk britische Soldaten heimzuholen. Da zeigte sich die größte Seite des englischen Charakters, das *Understatement,* von dem wir aufgeregten Europäer viel zu lernen hatten. Man machte keine großen Worte. Der deutsche »Blitz« auf London wurde, wenn auch zuerst unorganisiert, diszipliniert und klaglos hingenommen, die Rationierung respektiert. Und nun durften auch die Emigranten teilnehmen an dem *war effort* – außer denen natürlich, die, »feindliche Ausländer« (meistens Juden oder Antinazis deutscher Staatsbürgerschaft), als verdächtig interniert und zum Teil zur weiteren Internierung nach Übersee verschifft wurden. Doch das war ein anderes und nicht nur ein britisches Kapitel.

Das undramatische, disziplinierte Verhalten eines Volkes in solcher Lage rief Bewunderung und Respekt hervor. Liebe aber braucht mehr als Respekt. Liebe braucht Beziehung. Und im Gegensatz zu Schotten, Iren, Wallisern, mit denen sich gelegentlich Kontakt ergab, blieb mit den Engländern eine unsichtbare Distanz bestehen. In England blieb man ein *foreigner,* ein Fremder, selbst nach Generationen. In den gelegentlichen Ehen, die doch zustande kamen, waren die englischen Partner meist schon vorher »zum Kontinent orientiert«, da sie unter der englischen Selbstisolierung litten.

Denn diese Nicht-Beziehung schien ein Phänomen per se zu sein, das auch das Verhalten der Engländer untereinander regelte; Tradition, ritualisierte Redewendungen und Gesprächsverläufe, höfliche Unverbindlichkeit ersetzte Beziehung, mit minimaler männlich-weiblicher Spannung, aber mit fragloser Annahme der britischen Überwertigkeit a priori; undemonstrativ – denn wer spricht davon, daß Gras grün ist?

Und doch hatten sie einmal diese herrliche Sprache entwickelt. Englisch, poetisch und differenziert durch die Verschmelzung zweier wesensverschiedener Wurzeln, der keltischen und der normannischen, wodurch nuancierter Ausdruck möglich war wie in keiner anderen Sprache Europas. Wattige Ungenauigkeit oder tiefsinnige Gestelztheit, im Deutschen möglich, war es im Englischen nicht. Was war mit den Engländern geschehen, seit sie diese Sprache erlebend entwickelten? Was mit der vitalen Substanz hinter der zivilisierten Fassade?

Man hatte in den mittvierziger Jahren gelächelt über meine »poetische«, meine »subjektive« Intuition, daß, ungewußt von den Träumenden, befangen in ihrem Inseltraum, sich Englands geistige Vitalität aufgezehrt hatte und entleert war vom Eros im weitesten Sinn; ein Prozeß, der unbeachtet vor sich gegangen war, aufgelöst in kleiner Münze von Tagesgeschehen, während sie auswärts tüchtig und, nach elitärem Prinzip, beziehungslos über den von ihnen verwalteten Völkern lebten, sonst isoliert in physisch-seelischer Inzucht auf der Insel. So war der einst trächtige Boden tönern geworden, und der Geist der Geschichte, empfand ich nach dem Krieg, stand im Begriff, die Insel zu verlassen.

Hatte sich, was damals als poetisch intuitiv und lächerlich anmutete, inzwischen verwirklicht? Es schien so, als ob sich in historischer Konsequenz ein unvital gewordenes Vakuum füllte mit Braun, Schwarz, Gelb, zu neuer, völlig anderer Geschichte.

Die Aufschriften an vielen öffentlichen Plätzen Londons, die Lautsprecherbegrüßung der Kunden in Warenhäusern, die ich jetzt hörte, die ich sah, erfolgte nun auch in Sprachen, Schriftzeichen der neuen Einwohner. London schien zum Schauplatz des größten modernen Dramas, zur multi-ethnischen Gesellschaft zu werden.

London – der dafür unerwartetste Ort der Erde.

Betroffen fuhr ich in mein Hotel zurück, an diesem ersten Tag meiner Reise nach London, 1977.

KENSINGTON GARDENS –
TAG DER RECHNUNG

... als ich es sah
mit einem Blick
das Zeitmaß der Bäume gebannt in Spiralen,
und ihn der Gott zum Ruhm hieß.

Am Jom Kippur, genau in der Mitte meines Londoner Aufenthalts, fuhr ich nach Bayswater, wo ich während und nach dem Kriege viele Jahre gewohnt hatte.

Nach dem zweiten und dritten Jahr, das ich in Israel lebte, fastete ich zu Jom Kippur – zur Verwunderung meiner religiösen wie auch meiner säkularen Freunde. Es ist eine Kompromißlösung, die beste, die ich für Unlösbares gefunden hatte. In den ersten Jahren hatte mich die Frage in große Unruhe versetzt, wie den Jom Kippur zu verbringen. In eine Synagoge, reformistisch oder konservativ, gehöre ich nicht, höchstens als Zuschauer in einer sefardische, wo die Ergriffenheit naiv und spontan ist; ganz zu schweigen von einer orthodoxen wie in Mea Shearim, einer Welt von fanatischer, obgleich authentischer Religiosität. Aber der Inhalt des Tages und seine Texte appellieren tief an die menschliche Seele, das kompromißlose Konzentrieren auf die Begleichung der Rechnung, auf die unausweichlichen Fragen von Leben und Tod, »die in den furchtbaren Tagen erwogen und entschieden werden«.

Am Neujahrstag wird verzeichnet und am Versöhnungstag wird beschlossen, wie viele vergehen und wie viele entstehen sollen, wer fortleben und wer sterben, wer sein Ziel erreichen und wer es nicht erreichen, wer durch Wasser umkommen, wer durch Krieg, wer durch reißendes Getier, wer durch Hungersnot, wer durch Ungewitter, wer durch Pest, wer erwürgt und wer verschüttet werden soll . . .

Jom Kippur, Mussaf / Gebet

Diese alten Texte mit ihrer Aufzählung, die zuerst einfach das Los des Sterblichen betrifft, dann aber katastrophale und vorzeitige Todesarten vor Augen führt, waren in unserer Zeit fürchterlich aktuell geworden, wo dem Tod durch Feuer, durch Hungersnot, durch Erwürgen und Verschütten nur Zehntausende von Millionen entkamen.

Aus dieser Gemeinsamkeit mit einem einzigartigen Kollektiv war es mir unmöglich, in Jerusalem nicht zu fasten am Jom Kippur.

Merkwürdigerweise wird es meist an diesem Tag – gegen Ende September, Anfang Oktober, nach dem jüdischen Kalender, der sich nach dem Mond richtet – sehr heiß; nicht die gewöhnliche Sommerhitze, die um diese Zeit vorbei ist, sondern es herrscht *Chamssin,* ein alles versengender Backofenhauch, der aus der Wüste kommt und die elektrische Ladung der Ionen verändert.

Am Jom Kippur geht in Jerusalem etwas Einzigartiges vor sich. Am frühen Nachmittag des Vorabends bereits hört allmählich alle Bewegung auf. Die letzten Züge, die letzten Überland-Autobusse sind eingetroffen. Um drei Uhr stoppt der Straßenverkehr. Gegen vier Uhr wird die letzte Mahlzeit eingenommen, und bis zum nächsten Abend, bis zum Erscheinen der ersten drei Sterne am Himmel, wird nicht einmal ein Tropfen Wasser getrunken. Rundfunk, Fernsehen haben sich verabschiedet mit dem Wunsch für »ein gutes Fasten«, dann herrscht absolute Funkstille bis zum nächsten Abend. Nur vereinzelte Autos – Rettungswagen, Ärzte, Polizei – werden im Notfall auf den Straßen sein, denn auch die vielen Nichtreligiösen vermeiden, Jom Kippur zu stören. Schritte, Gespräche von der Straße her hört man auf hundert Meter, da alle Hintergrundgeräusche fehlen. Ein ganzes Land hält mit jedweder Tätigkeit (außer privat für sich zu Hause) inne, und es ist darum still, wie es an keinem anderen bewohnten Ort unserer mechanisierten Welt prinzipiell möglich wäre. So senkt sich auf das in der letzten Sonne leuchtende Jerusalem eine intensive Stille herab. Bis vor kurzem gab es in Israel am Jom Kippur so gut wie keine Einbrüche, weil auch die Diebe ihn begingen oder es ansonsten für unpassend hielten einzubrechen. Allerdings sank diese erstaunliche Bilanz in den letzten Jahren.

Ich weiß nicht, wie der Schock des Überfalls der arabischen Nachbarstaaten auf das meditierende Land 1973 mich getroffen hätte, wenn ich nicht in der kollektiven Situation des Fastens gewesen wäre. Wie viele hatte ich den Vormittag liegend mit Kopfschmerzen, vor allem vom Nicht-Trinken, verbracht; es war drückend heiß und völlig still im Haus und auf der Straße. Auf einmal überkam mich das Verlangen, zur Klagemauer in der Altstadt zu gehen, der Westmauer des vor fast 2000 Jahren von Titus dem Römer geschleiften Tempels, wo spirituelle, historische und aktuelle Geschichte in eins verschmelzen. Es war ein Spaziergang von gut vierzig Minuten, und eine Nachbarin, in ähnlich reduzierter Verfassung, war bereit mitzukommen. Wir machten uns in der brütenden Mittagshitze auf den Weg, vorbei am Grab der Familie Herodes, über damals noch nicht bebaute Felder steil hinunter zum Sultansgraben und sahen schon das Jaffator, als mich eine unbekannte lähmende Depression befiel; so intensiv, daß ich keinen Schritt weiter machen wollte und, mit etwas schlechtem Gewissen, meine Nachbarin bat, umzukehren. Kaum waren wir in unseren Wohnungen, als in die Mittagshelle und völlige Stille die Luftschutzsirene losgellte, weit in die judäischen

Berge hinein, auf die meine Fenster schauten. Die Griechen haben den plötzlich hervorbrechenden Schrecken der Mittagsstunde, den panischen, erkannt.

Es war natürlich keine Vorahnung auf dem Weg gewesen, denn, wie bald bekannt wurde, hatten bereits seit dem Morgen mörderische Kämpfe an allen Fronten getobt. Wenn überhaupt, konnte sie sich nur auf die Luftrakete beziehen, die vom Sinai her unterwegs war und derentwegen das inzwischen von jemandem geistesgegenwärtig angestellte Radio (Radio am Jom Kippur!) die Bevölkerung in die Luftschutzkeller beorderte. So begann der Jom-Kippur-Krieg. Am Abend lag Jerusalem aus weißem Stein auf weißen Stein gebaut da im kreidigen Vollmondlicht, das der Verdunklung Hohn sprach, und am Abend dieses Jom Kippur waren sechstausend unserer jungen Männer tot, »umgekommen durch Feuer, durch Krieg«: Viele davon Nachbarssöhne, denn die Suez-Bunker waren größtenteils mit der Jerusalemer Brigade bemannt gewesen.

In London war der Jom Kippur anonym. Fern von Israel erlebt unsereins den Jom Kippur auf andere Weise. Meine Besinnung war auf Bayswater gerichtet, wo ich vor siebenundzwanzig Jahren gelebt hatte.

Ich erkannte, vom Westbourn Grove einbiegend, kaum noch den Queensway, die gutbürgerliche breite Geschäfts- und Wohnstraße, die zu Kensington Gardens führt und die viele Jahre meine nächste Umgebung gebildet hatte; sie war fremd und bekannt zugleich, wie in jenen Träumen, wo Bekanntes und Fremdes sich verwirrend mischen.

Zwar war da noch *Whiteley's,* das langgestreckte, hausbackene große Warenhaus, zwar waren noch alle Häuser da, nichts dazugebaut, kaum merklich etwas umgebaut, aber es war eine andere Straße mit völlig anderem Charakter. Kaum mehr eines der früheren Geschäfte – weder die große Fischhandlung noch das Konfektionsgeschäft mit den vielen Auslagen, wo ich nie etwas gekauft hatte. *Bertorelli,* das exklusive Restaurant, war noch da, wie ein Fossil aus Vorzeiten mit den vielen von Tüll verhängten Fenstern zur Straße, früher das einzige im ganzen Bezirk. Nun, einige Meter weiter, nicht weniger als fünf chinesische Restaurants auf einem Haufen, abgesehen von arabischen, persischen. Das Büro des alten Mr. Bartlett, von dem ich damals meine Wohnung gemietet hatte, war verschwunden, dafür etwas weiter unten ein *Iranian Real Estate.* Geschäfte mit fernöstlichen Waren, wie sie die ganze Stadt überschwemmten – Uhren, Feuerzeuge, »Novelties«, elektronische Taschenrechner: Alles auf die neue Einwohnerschaft des Bezirks zugeschnitten. Nun kam ich zu Inverness Place, der kleinen Querstraße, in der ich sieben Jahre gewohnt hatte. Die Reihe der vier schmalen, zweistöckigen Häuser, die fast die ganze rechte Straßenfront bildeten, waren einheitlich weiß angestrichen und nun Teil eines Hotels um die Ecke; meine ehemalige Haustür war zugemauert.

Ich ging die letzten siebzig Meter des Queensway entlang. Da war noch, ein Anachronismus in dieser veränderten Welt, der alte steife Drogist, in seinem Schaufenster die plötzlich wieder erinnerten Namen englischer Patent-Medizinen, Bandagen, Seifen. Dann war ich an der Ecke zu Bayswater Road, der breiten Verkehrsstraße, die vom Marble Arch an auf der einen Seite von eleganten alten Residenzen begrenzt ist, auf der anderen kilometerlang vom Hyde Park, danach Kensington Gardens genannt.

Ich stand an der Ecke und wartete grünes Licht ab.

Hier hatten wir uns verabschiedet, als ich im Sommer 1947 nach Paris fuhr, zum ersten Wiedersehen mit meinen beiden Schwestern nach dem Krieg: 1938 hatte ich sie noch von Prag aus besucht, mit der ersten Fluglinie, die damals Nazi-Deutschland nonstop überflog, Prag–Straßburg direkt; und war zu Beginn der Münchner Krise zurückgeflogen, nonstop, fast erstickt von dem deutlich spürbaren französischen Defätismus, zurück nach Prag, trotz aller Warnungen in Paris, daß die Tschechoslowakei »ein verlorenes Land« sei, und der von heroischer Naivität geprägten Antwort, »daß mit mir dann eben dasselbe geschehen würde wie mit den übrigen elf Millionen«, die sich nicht ergeben, sondern kämpfen wollten. Elf Millionen Tschechen und Slowaken, wohlgemerkt. Es war ja erst 1938. Gegen Ende des Krieges erfuhren wir, meine Schwestern und ich, wieder voneinander, daß wir überlebt hatten, jede an einem anderen Ort, mit anderem Schicksal, unsere Mutter, unser Stiefvater aus Berlin nach Riga »evakuiert«.

An dieser Ecke hatten wir uns verabschiedet, als B. sagte, ich sollte ihn anrufen, wenn ich aus Paris zurück sei, und ich antwortete, ich könnte ja nicht hunderttausend Londoner Nummer anrufen, um ihn zu finden, und er, während er sie auf eine Zigarettenpackung schrieb, sagte, er stünde doch im Telefonbuch. Ich wäre nie auf den Gedanken gekommen, nachzuschauen – wir wußten voneinander kaum etwas, was die alltägliche Existenz betraf, nur die Namen, B., meine Telefonnummer. Eben weil das Lot unserer Beziehungen in immer größere Tiefen sank, wahrten wir äußerlich große Distanz, fragten nichts, brauchten, wollten gar nichts aus der realen Dimension wissen.

Auf der gegenüberliegenden Seite von Bayswater Road – der linken – war noch immer die Haltestelle, an der B. dann nach unserem sechsstündigen schicksalhaften Nachmittag in Kensington Gardens, nach dem stummen Angelöbnis, einstieg, am Nachmittag meiner Rückkehr aus Paris: Und ich überwältigt wurde von unerträglicher Leere, denn dort drüben fuhr meine Seele davon.

Es war trübe, der Himmel bedeckt, als ich nun nach siebenundzwanzig Jahren durch das Parkgitter in Kensington Gardens eintrat. Da lagen die weiten Rasen, standen die hohen Bäume, wie zufällig an ihrem Platz gewachsen, obgleich einmal mit dem untrüglichen englischen Gärtnergefühl dort gepflanzt oder stehengelassen. Zwischen den Rasen gelblich und auf hunderte Meter sichtbar die Sandwege, die in drei verschiedene Richtungen schräg in die Weite des Parks hineinführten. Ich kannte sie alle, Meter für Meter, getränkt mit Gedanken, Assoziationen, Erlebnissen in Frühling, Sommer, Herbst und auch im Winter vieler Jahre. Der Park war die Oase gewesen in der mir im Wesen fremd bleibenden Stadt; die plötzlich sich öffnenden, plötzlich veränderten Ausblicke, die befreiend weite Schneise mit dem Denkmal am Ende und dahinter der Himmel, und dann die Bäume, mächtig und ausladend wie in keinem anderen Land, in Londons notorischer Feuchtigkeit; an jedem noch kenntlich das Wachstumsprinzip der Spirale, die sich vom Keim her in Pflanzenzeitmaß mit den Jahresringen verdickt.

Der Baum, den ich suchte, hatte nah am Eingang mitten

auf einer Wiese gestanden, und ich hatte ihn in all den Jahren nicht vergessen.

In den letzten Jahren des Zweiten Weltkrieges hatte eine neue Waffe London bedroht: die sogenannten »fliegenden Bomben«, Nazi-Deutschlands Wunderwaffe, in Peenemünde entwickelt – riesige Flugkörper, Vorläufer der Raketen, die man schon von weither langsam heranbrummen hörte und deren Motor plötzlich und unvorhersehbar aussetzte, so daß sie senkrecht herunterfielen. Ihre Bezeichnung als »pilotless planes« – »führerlose Flugzeuge« – jagte irrationalen Schrecken ein, verlieh ihnen ihres blinden Zufalls wegen Golemcharakter. Später schwebten als Gegenmaßnahme über London graue fette Fesselballons wie Disneysche Jumbos, mit weit ausschwirrenden Drähten, in denen sich die »fliegenden Bomben« verfingen und in der Luft explodierten.

In einer Frühlingsnacht 1944 war ich als Civil Guard, als Luftschutzwartin, einem nachbarlichen Boarding-House zugeteilt; wir saßen zusammen mit den Gästen im Souterrain, wo man zumindest gegen die Sprengwirkung geschützt war, als wir das gefürchtete Brummen langsam herankommen hörten und im gespannten Schweigen nur den einen Wunsch hatten, daß der Motor erst nebenan aussetzen sollte. Der Wunsch ging in Erfüllung; ein paar Sekunden, nachdem sie uns überflogen hatte, hörte das Brummen auf, dann erfolgte die Explosion.

Am nächsten Morgen sah ich im Regen, was an unserer Statt zum Opfer gefallen war: Einem der hohen, weitausladenden Bäume in Kensington Gardens war die hohe Krone abgesetzt worden. Weithin verstreut lagen Laub und geknickte Äste. Von dem mächtigen Stamm waren weniger als ein Meter stehengeblieben, das helle Innere lag

zersplittert offen wie eine riesige Wunde mit spitzen Holz-
fasern. Das war von der Glorie übriggeblieben. Im Herbst
aber sproßen aus der klaffenden Baumwunde unnatürlich
große Blätter, zehnmal so groß wie normale Blätter; in ihnen steckte die Lebenskraft der mächtigen Wurzeln. Und
im folgenden Frühjahr trieben, rührend unproportioniert,
dünne Zweige aus dem zerfetzten Stumpf, und binnen
der sechs Jahre, die ich noch in London war, nahm der
getroffene Baum allmählich eine bizarre Form an: Auf
einem niedrigen breiten Stamm thronte wie auf einer Kin-
derzeichnung eine dünnästige Krone von ungewöhnlich
jungem Grün. Rührend und ehrfurchteinflößend gleich-
zeitig, wie der Baum sich gegen den tödlichen Schlag,
dessen Ursache nichts mit seinem Sein zu tun hatte, be-
hauptete und damit eine bizarre, aber unverwechselbare
Gestalt annahm.

Den Baum war ich suchen gekommen, am Jom Kippur
in London. Ich fand ihn nicht mehr. Zuerst meinte ich –
siebenundzwanzig Jahre sind eine lange Zeit –, daß ich
ihn vielleicht nicht am richtigen Ort suchte, aber es war
der richtige. Nur stand an seiner Statt ein junger Baum,
von einem Metallgitter geschützt.

Der Park war menschenleer; nichts von dem erwarte-
ten bunten Herbstlaub, die Bäume noch grün nach einem
völlig verregneten Sommer. Hier und dort in der Weite
ging jemand, ein älterer Mann, einmal ein Paar, ein Gärt-
ner. Bänke gab es nur in großen Abständen, eine an dem
Sandweg, den ich entlangging. Auf dieser Bank, schon
nahe an der Schneise, hatte B. gesessen, als wir uns an einem kalten regnerischen Aprilmorgen trafen, »zufällig«. Es
war nach einer der verzweifelt langen Pausen am Anfang
gewesen, da er nicht anrief, die Wege im Park waren auf-

geweicht vom Regen, und die Feuchtigkeit drang durch alles, Schuhsohlen, Mantel. Kein Wetter zum Spazierengehen.

Ich war an diesem Morgen aufgejagt worden von der Ahnung, daß ich ihn treffen würde, nicht sicher, ob mich nicht mein Wunsch narrte, und ich sah ihn schon von sehr weit her in dem verödeten Park auf einer Bank sitzen, die unverwechselbare Kontur der Schultern, sah von weitem, wie er langsam aufstand und mir entgegenkam und ohne Überraschung sagte: »Du bist also gekommen.«

Jeder Schritt, jeder Fleck war, wie ich nun ging an diesem Jom Kippur, erfüllt von dieser Kontur, wie eingeritzt in die Luft; jedes Wort, das wir gesprochen hatten, stand auf, keines vergessen, keines verändert.

Wo war das Teehaus?

Es hatte auf einem weiten Rasen gestanden, tief im Park drinnen, ein leicht aufgerichteter länglicher Pavillon, wo man im Self-Service zu volkstümlichen Preisen Tee oder Kaffee holte und die hauchdünnen faden Weißbrotsandwichs mit Kresse oder trockenen Kuchen. Auf der Wiese davor standen zwanzig oder dreißig ungedeckte Eisentische und -stühle. Dort hatte ich B. zum ersten Mal gesehen, wie er an einem weit entfernten Tisch saß in einer Aura von Abgeschlossenheit, und hatte im Moment gewußt: das ist es.

Dieses »das ist es« war zweimal vorher im Leben geschehen, mit Zwischenräumen von Jahren, und es hatte nie getäuscht. Die Zeiten dazwischen, unsere Zeit des Flüchtens, der unvermeidlichen Spaltung, des Verlorengehens, die Zeiten dazwischen waren leblose Jahre.

Es gab immer Freunde, männliche Freunde, die ohne weiteres verstanden, daß diese Beziehungen kameradschaftlich waren, als solche von großer Anziehung und Intensität, intellektuell, künstlerisch und inspirierend. Es kam kaum zu Mißverständnissen, daß sie Cousins waren, Kameraden – und wenn, dann wie ein leicht zu korrigierender orthographischer Fehler, so daß man unbedenklich einmal eine Couch teilen konnte, wenn jemand in der frühen Emigrationssituation ohne Quartier blieb oder es zu spät wurde. Wenn ich in der gespannten Septembernacht 1938, als ein deutsches Bombardement auf Prag möglich schien, zu Jakob lief, einem geliebten »Bruder«, um mit ihm in seinem Atelier zu übernachten; es uns nie in den Sinn kam, was andere darüber denken könnten oder selbst davon beeinflußt zu werden. Ich war erstaunt, wenn eine Frau anerkennend sagte, daß man »bei jener nicht fürchten muß, daß sie einem den Mann wegnimmt«; war erstaunt, daß sie annahm, es geschähe aus Anstand und nicht, weil der Gedanke absurd war.

Was für ein Programm heute gemacht wird aus *Women's Lib*! Es war mir natürlich, ohne Formulierung, ohne darüber nachzudenken – undemonstrativ gelebt und so selbstverständlich verstanden wie respektiert. Ich wußte, daß Einsamkeit nicht abzuhelfen ist mit Kompromissen und den ringsum üblichen Aventüren.

Doktor J. S., einer meiner traditionellen Männerfreunde in Jerusalem, dem ich inspirierende Bereicherung über Phänomene von Raum und Zeit verdanke, erwähnte einmal den Fakt, daß Licht nicht sichtbar ist, bis es auf Materie trifft, ansonsten unsichtbar, unmanifestiert bleibt auch auf millionenweitem Weg durch den leeren Raum. Ich begriff plötzlich die Entsprechung dieser Tatsache; begriff ein bis dahin unverständliches Phänomen der Existenz, begriff, wieso auch entgegen der eigenen Natur zwischendurch Zeiten einsam vergingen. Wenn aber der unsichtbare Lichtstrahl auftraf und damit manifest wurde, setzte die Verwandlung ein.

Die drei Männer hatten äußerlich nichts Gemeinsames, nicht im Aussehen, nicht im Alter. J.R.B. – »auf eigene Verantwortung« – war doppelt so alt wie ich mit damals zwanzig Jahren und hatte eine Glatze. Doktor W.D. war mit früh schwarzweiß meliertem Haar, obgleich nur vierzehn Jahre älter, als wir uns zuerst trafen, und B. war zwei Jahre jünger als ich mit meinen sechsunddreißig, und seine Haare waren blond gebleicht von der südlichen Sonne, aus der er damals kam. Gemeinsam war ihnen, daß sie damals das Maß in sich selber hatten – nicht alltäglich in unserer Epoche, aber auch eine manchmal fast zynisch abgeriegelte Seele und Dimension. Doch wenn angerührt, so ermöglichte die ein Äußerstes an Beziehung.

Das Risiko war groß, der Preis hoch, gleich ob zu gewinnen oder zu bezahlen in Lebensmünze. Daß sich diese Begegnungen nicht in der dauernden Zeitdimension verwirklichten, ist auch dem Schicksal einer Epoche unwiederbringlicher Trennungen, der Charaktere in ihr geschuldet. Solche Synthesen sprengten die Tabus unserer Zeit. Aber ich habe nie über den Preis geklagt.

Nach Beendigung des Krieges hatte eine Zeit großer Einsamkeit begonnen, da die meisten meiner Freunde aus der tschechoslowakischen Emigration, von der ich ein Teil geworden war, zurückkehrten – der größere Teil von ihnen nach wenigen Jahren von Verfemung, Gefängnis, bitter oder innerlich tot. Ich war nicht, wie in all der Zeit als selbstverständlich angenommen, in meine Emigrationsheimat Prag gegangen, war in einer Krise, die sich schon eine Weile vorbereitet hatte, vermutlich auch in den langen Diskussionen in London mit dem Literaturtheoretiker Polly Reimann an dem Thema Kafka kristallisiert hatte: Die gestellten Fragen erschienen flach, die Antworten unaufrichtig, die Lösungen nicht mehr gültig. Die Welten begannen nach allen Seiten auseinanderzuklaffen. Man konnte sich nicht mehr ernsthaft auseinandersetzen; es gab keinen Dialog mehr, nur noch »Ihr« und »Wir«; zersplitterte Gruppen, alle Seiten gegeneinander ideologisiert. Ich war ungebunden, nicht organisiert. Einsam. Frei.

Ich begriff nach und nach, daß auf der Suche nach neuen Richtpunkten und Maßstäben man nur auf sich selber zurückfallen konnte; versuchte Klärung durch Rückkehr zum Schreiben, aber die Schwierigkeit, nach so langer Pause aus einer geistig amorphen Situation wieder zu schreiben, ließ mich, nach einem publizierten Versuch, auch diesen Ausweg verwerfen. Da fiel mir ein, was der geniale Stimmbildner Professor Daniel mich 1931 in Berlin gelehrt hatte: nicht Stimmübungen, wie meist bei seinen anderen Schülern, sondern Konzentrationsübungen, beispielhaft in meinen Rundfunksendungen »Grüner Tee« und »Hexe?« 1932, im Deutschlandsender – verzaubernd, hypnotisierend, auf Kongressen besprochen, abgebrochen mit dem Reichstagsbrand im Februar 1933. 1946 wußte ich nicht, wonach ich suchte, wie es zu bezeichnen. Da fiel mir in der Public Library das Buch einer Oxford-Professorin über west-östliche Psychologie in die Hände. Heute ist sie im Westen zur orientalisierten Seelengymnastik entartet. Ich fragte die Autorin (deren Namen ich inzwischen vergessen habe) über den Verlag an, wer in London darüber mehr wüßte; sie schrieb mir den Namen einer Psychologin. So kam ich zu Toni Sussmann. Nach unserer ersten Unterhaltung gab sie mir ein Buch von C. G. Jung zu lesen. Es war wie ein Donnerschlag: Nicht nur manche Gedanken darin, die, vertraut aus mir selber, so fremdartig und unaussprechlich erschienen waren. Da wußte also jemand anderer solches und formulierte es! Nach der zweiten Unterhaltung schlug Toni Sussmann vor, mich zur Therapeutin auszubilden. Ich entschied binnen vierundzwanzig Stunden. Bedenken, wovon ich zu leben hätte, kamen überhaupt nicht in Betracht, auch nicht, wie auf die Dauer so isoliert in London zu bleiben. Toni Sussmann übernahm nach kurzer Zeit die Ausbildung, die Trainingsanalyse, kostenlos – vermutlich in der Annahme, echte Nachfolge gefunden zu haben. Ich las täglich bis zu acht Stunden, nahm an Kursen teil, tippte in Büros für meinen Lebensunterhalt.

Es gibt keine Ereignisse mit Anfang und Ende. Es ist wie ein Gewebe, wo die Anzahl und Farben der Fäden von Anfang an gegeben sind, nicht aber, wann sie ins Muster treten. Die spontan schöpferische, abgebrochene Phase in Berlin (die zweite nach dem heimatlichen Wien), total verändert in der dritten, Prag, knüpfte nun an ein Motiv aus der vor-vorigen Existenz an.

B. hatte eines Tages an einem weit entfernten Tisch auf dem Rasen des Teehauses gesessen, das weiße Seidenhemd und die hellen Haare im starken Kontrast zu dem gebräunten Gesicht mit dem unendlich wohlgeformten Schädel; das dunkelblaue Sakko lag über den Schultern, deren Silhouette mir von dem Moment an für Jahre im Wachen und im Traum vor Augen stehen sollte. Er saß ganz still, in einer Aura von Abgeschlossenheit. Nach einer Weile erhob er sich und ging langsam dem Ausgang an der anderen Seite des weiten Parks zu, »eines Hauptes länger als alles Volk«, ein Bild von mächtigem, bedeutsamem Ebenmaß, das die Seele tief ergriff. Ich hatte meine männliche Beatrice erblickt.

Das Bild wich nicht; ich konnte nichts dagegen tun, konnte überhaupt kaum mehr etwas tun, getrieben, den Unbekannten wiederzusehen, getrieben in das Gartencafé; allmählich so beherrscht davon, daß klar wurde, sollte ich ihn noch einmal sehen, ich direkt auf ihn zugehen mußte, vorher mir undenkbar. Auch wenn die zwei vorigen Male ebenso ich es war, die gewußt hatte, »das ist es«, war ich äußerlich immer passiv geblieben, bis der unwissentlich Getroffene zu wählen meinte.

Es wurde Winter, der Park nur gelegentlich begehbar, das Teehaus geschlossen; keine Aussicht, keine Erwartung, ihn je wiederzusehen in dem riesigen London.

Es war ein schwerer Winter, obgleich in intensiver Beschäftigung mit Anthropologie, das mein Hauptinteresse blieb.

Ich lebte in meinem kalten Raum, den ich mit dem Dampf eines Wasserkessels notdürftig und feucht erwärmte, da der offene Gaskamin, mit Schillingen in Betrieb gesetzt, als Heizung zu teuer war. Die beiden hohen Fenster hinaus auf Inverness Place, das ganze baufällige kleine Haus hielten keine Wärme; und draußen das ständige Nieseln des Londoner Regens. Anfang März wurde es unsaisonmäßig kalt, es fiel Schnee, der im nachfolgenden Regen schmolz und von plötzlich einsetzendem Frost in spiegelglattes Eis verwandelt wurde.

Es war ein Freitagabend, als ich, ausgelaugt vom langen

Lesen in der feuchten Wärme in diesem deprimierenden Haus so sehr von Einsamkeit überfallen wurde, daß ich beschloß, irgendwohin, zu Mandy, zu fahren, obgleich es schon neun Uhr war und draußen eisig kalt, das nächtliche Nachkriegs-London wie ausgestorben.

Mandy, heiter, natürlich wie ein Stück Brot und ohne ein Gran von Galle, hauste in einem der alten hohen viktorianischen Reihenhäuser, die im Krieg für ein Butterbrot zu mieten waren, lebte mit ihren beiden Kindern im Mutterrecht, ein Überrest der zentral-europäischen Emigration. Der Ehemann war nach dem Krieg nach Deutschland verschwunden, und die unabhängige Mandy sorgte für sich, ihre Kinder und jeden, der in ihre große Küche im Souterrain kam, unparteiisch wie Mutter Natur. Alle möglichen Leute wohnten in dem Haus und kamen auf einen Sprung herein. Dort traf ich zum Beispiel auch Doris Lessing, kurz nachdem sie nach England gekommen war und ihr erstes Buch erschien, und eine intensive Freundschaft entstand.

Ich nahm mir nicht einmal die Mühe, die Lippen zu schminken in dem blassen Gesicht mit den tiefen Augenringen von Müdigkeit und Kälte, zog meinen alten Teddybärmantel an, setzte irgendeine Mütze auf – alles zusammen ein farbloses Braun und Dunkelblau, in schlimmster Form.

Draußen war es gefährlich glatt, kaum ein Mensch unterwegs, aber der 7er Bus kam bald, langsam, schlingernd, die gefrorene Fahrbahn entlang balancierend, fast leer, und ich setzt mich schnell gleich neben den Eingang auf die Querbank. Gegenüber saß der Unbekannte. Er hatte das rechte Bein über das linke Knie gelegt, so daß der Schuh die Polsterbank streifte. Wie ich, nur für einen Herzschlag,

hinüberschaute, sagte er »Sorry« und nahm die Schuh-
spitze von der Bank. Ich war außerstande, noch einmal
die Augen zu heben.

Während der schleudernden Fahrt zur nächsten Station
stand er auf, ging auf die offene Plattform; ich nahm es
wahr, ohne aufzuschauen, beschwor ihn nur, machtlos,
schweigend »Steig nicht aus, steig nicht aus«. Er stand noch
da, als meine Station kam, stieg hinter mir aus. Ich ging
langsam, er noch langsamer hinter mir. Da drehte ich mich
um, stand direkt in seinem Weg und mußte den Kopf
hoch hinaufwenden, um ihm ins Gesicht zu sehen, und
sagte: »I know you. Who are you?« Und lächelnd, mit einem erschreckend erkennbaren Akzent, sagte er: »I am
I«, und ich sah in seinem Knopfloch das winzige polnische Offiziersabzeichen, und mein Herz sank, und ich
dachte degoutiert: »So bin ich auf einen Polen hereinge-
fallen.«

Vor einiger Zeit waren Teile der halb-faschistischen
polnischen Armee des General Anders aus Tobruk und
Ägypten nach England gekommen, und die Engländer-
innen waren, trotz der traditionellen englischen Aus-
länderverachtung, den draufgängerischen Typen an den
Hals geflogen. Ernüchtert also antwortete ich vorsich-
tig auf die Frage, woher ich, deutlich keine Engländerin,
sei: Aus Prag, und hörte ungläubig, wie er sagte: »Ah,
Čapek, Kafka.« Ein polnischer Offizier, nein: Wer unter
den acht Millionen Londonern assoziierte 1947 zu Prag
Čapek, Kafka? Er fragte: »Wohin gehen Sie?« Zu Bekannten, sagte ich. Er fragte: »Müssen Sie hingehen?« Ich sagte,
nein. »Dann gehen wir«, sagte er und nahm wie selbstverständlich meine linke Hand und führte mich über die
gefährlich glatten Straßen, und ich ließ mich wie selbst-

verständlich führen, zu einem Pub am Notting Hill Gate bei einem faden englischen Ale.

Monate nachher, an dem langen, langen Herbstnachmittag in Kensington Gardens, am Tag nach meiner Rückkehr aus Paris – das Telefon hatte schon geläutet, als ich die Wohnungstüre aufsperrte – saßen wir auf einer Wiese in einander gegenübergestellten Liegestühlen, von Gesicht zu Gesicht. B. war die letzte Stunde verstimmt gewesen, ein Zustand, den ich an ihm kannte und den ich schweigend hinnahm, weil er sich dann abschloß. Auf einmal sagte er, in Entfremdung zurückgefallen: »When I picked you up ...« Wir hatten nie über das ursprüngliche Zusammentreffen gesprochen. »You – me? I picked *you* up«, sagte ich, ungläubig, daß ihm das nicht bewußt war.

Für B. war es so gewesen, daß er an jenem eisigen Abend, deprimiert, plötzlich mich im Bus gesehen hatte und auf die Plattform hinausgegangen war, um mein Aussteigen nicht zu verpassen, dabei sich verwundert und ärgerlich gefragt hatte, what do I want with this ugly woman? Und nun lachte, denn inzwischen war der Lichtstrahl aufgetroffen.

Jetzt erfuhr er zum ersten Mal, wie lange vorher ich ihn gekannt hatte. Erinnerte er sich nicht, daß ich auf ihn zugegangen wäre und gesagt hätte, I know you? Er hätte es, sagte er, für eine Art von Anknüpfung gehalten – vermutlich wie ein »Wo haben wir uns schon einmal getroffen?« –, damals noch aus der Situation des Mannes, gewohnt, daß schon seine Erscheinung Frauen verführte, und daran resignierend.

In einem unserer späteren Schriftstellergespräche – er war Schriftsteller – sagte er einmal, was für ein Thema, wie eine Frau zu verführen – ein Thema sei eher, wie eine Frau nicht zu verführen. Das war nicht *Machismo* – das war sachlich und realistisch gesagt. Ich begriff nachher die bittere Bedeutung, die diese Bemerkung für ihn hatte.

Ich war schockiert, daß er meine Frage »Who are you? I know you« für einen Vorwand hatte halten können. Hätte ich je ein Wort gesagt, das nicht wahr war? Er wurde nachdenklich. »Nein«, sagte er und dann mit großem Erstaunen: »So you picked me.« Es entstand eine lange Pause. Plötzlich nahm er meine rechte Hand, legte sie um seine große und beschwor mich, »Keep me. Please, keep me.« Und ich sagte, ohne es zu sagen, I will. Es war nur die Bestätigung der Erkenntnis, die mir eine Woche vorher im Garten von Cachan gekommen war; hélas, mir immer früher; hélas, ihm immer später.

1960 fragte eine ältere befreundete Kollegin in Berlin, wieso ich eigentlich nie geheiratet hätte. Ich zögerte, weil ich das noch nie überlegt hatte, sagte dann spontan: »Ich bin nicht auf die Idee gekommen«, und sie lachte, weil sie begriff, daß das der Wahrheit entsprach. In dem Moment des »das ist es« war ja die Entscheidung gefallen. »Heim und Kinder« waren keine Vorstellung, ringsum in den Jahren der Emigration nicht existent, ohne Gewicht. Auch hatte ich erstaunlich lange geglaubt, daß Leute, die heiraten, eben das einmalige Gegenüber gefunden hätten.

Das DAS IST ES ließ etwas auf sich warten, war, wenn es geschah, jenseits von Glück und Unglück, von unübersehbarer Macht, die auch den Betroffenen wie von ihm selbst aus ergriff.

B. war ein anderer geworden, seit wir uns ein halbes Jahr vorher im eisigen März getroffen hatten, seit wir uns an der Ecke von Bayswater Road zum ersten Mal verabschiedet und nur unsere Namen, ich ihm meine Telefonnummer, gegeben hatten.

Danach hatte ich damals kaum gewagt auszugehen; wartete nur auf seinen Anruf. B. rief nicht an. Er rief erst nach zwei Wochen an, gegen Mittag. Fragte, ob ich kommen könnte. Ich sagte, natürlich, sofort, lief. Er wartete in dem Pub vom ersten Mal, in seiner Abgeschlossenheit. Wir tranken langsam unsere Ale. B. fing langsam, ruhig an zu erzählen, von einem Schriftsteller: Ihm war in Warschau auf einem Gehsteig ein riesengroßer Pole entgegengekommen, der keine Anstalten machte, dem kleinen Juden Platz zum Vorbeigehen zu lassen; und der, um eine Anrempelung zu vermeiden, war schon bereit, auszuweichen, als er sah, wieso der große Pole so sicher daherging: Er war blind. Dann fragte B., würde ich ihm den *New Statesman* und den *Observer* jede Woche zuschicken, wenn er zurück in Warschau sei? Mein Herz sank, aber ich wußte, selbst wenn er es noch nicht wußte, daß der Lichtstrahl aufgetroffen war.

Viele Jahre vorher war es noch in Berlin mit J. R. B. so gegangen. Nur aus Neugierde war er gekommen, mich mit dem Motorrad zu einer Schriftstellersitzung abzuholen – nachdem ich ihn, den Berühmten, viel Älteren, im Schutzverband Deutscher Schriftsteller hatte sprechen hören und zum ersten Mal wußte, »das ist es«. Damals war ich zwanzig Jahre alt, schüchtern und er in einem europaweit bekannten Leben und Werk. Er kam um drei Uhr, und als er nach acht Uhr ging (wir hatten fast fünf Stunden lang in unseren Fauteuils gesessen in fasziniertem Gespräch, so daß ich nicht einmal Zeit fand, Kaffee zu machen, wir rauchten nur), wurde mir verwirrend bewußt, daß ich den verborgenen Schlüssel zu seiner Seele hatte. »Da bist du drin«, sagte er mir nachher zu einem Gedicht, »... warum bin ich so zerrissen, sag, ob mir nicht eine Hand noch fehlt ...« Ein Danaergeschenk. Bei merkwürdiger Tiefensicht war ich aber viel zu scheu für die rätselhafte Beziehung, die sich schließlich brüsk entzaubern mußte.

Als der Pub schloß – in England um zwei Uhr nachmittags – begleitete B. mich nach Hause; ich nahm ihn zu mir zum Tee hinauf. Meine Wohnung war in wahrhaft wüster Unordnung zurückgeblieben – das schnell gewechselte Kleid über dem Sessel, Papier verstreut auf Tisch und Boden –, aber ich wollte, daß er auch diese meine Realität kennen sollte – nichts vertuscht, nichts beschönigt. Wir tranken Tee.

Nach weiterem oftmaligen qualvollem Warten, nach einigen Treffen gingen wir wieder nach Kensington Gardens. Von Warschau war nie mehr die Rede. Es war inzwischen warmer trockener Sommer geworden. An diesem Abend wollte B. mich plötzlich im Park vergewaltigen, und ich wehrte mich heftig und erfolgreich gegen diese seine, wie mir schien, bisherige Beziehung zu Frauen, die Art von Erfahrungen, die ich an ihm ablas, wehrte mich nicht nur gegen leidenschaftliche Kraft, sondern gegen den eigenen Wunsch, schweigend; schweigend gingen wir weiter, in den dunklen menschenleeren Park hinein, etwas entfernt voneinander. Am Rande der Schneise setzte ich mich unter einen großen Baum neben einer Schafherde aufs Gras, B. streckte sich daneben auf den Rücken aus, die Arme unterm Kopf verschränkt. Lag ganz still, als ich ihn küßte. Es war vermutlich der Kuß aus dem Märchen, wo die Fischerstochter den verwunschenen Prinzen erlöst. Es hatte begonnen.

Bald darauf fuhr ich, wie erwähnt, nach Paris. Von B.s

Rückkehr nach Polen war seit damals im Pub nicht mehr die Rede gewesen, und ich fragte nicht, da wir einander nichts fragten, ich nicht darüber nachdachte, was uns nicht in dem Moment gemeinsam betraf. Es gab keine andere Realität als unsere; er war so sehr für sich, als wäre ihm nie vorher eine Frau wirklich begegnet.

Mit dem »keep me« nach der Rückkehr aus Paris hatte die Beziehung die Intensität gewonnen, wo Geist, Seele und Körper zu verschmelzen begannen. Ich hatte aufgehört, mir die Lippen zu schminken; trug flache Sandalen, wenn wir zusammen gingen (ich reichte ihm gerade bis zu den Schultern). B. nahm nicht zur Kenntnis, wie jede Frau ihn fasziniert anblickte; wenn mich Männer ansahen, wollte ich mich am liebsten verschleiern wie eine Haremsdame – und noch immer hing jedes Zusammensein von seinem Anruf ab.

Es hatten mysteriöse Telefonanrufe eingesetzt, wo am anderen Ende jemand nur stumm atmete. Ich wußte nichts damit anzufangen. Stand vor meiner Reise nach Zürich, zum ersten Semester an dem eben gegründeten Jung-Institut, wohin meine Trainingsanalytikerin mich schicken wollte.

B. war sensitiv und weise geworden in unserer Beziehung, viel weiser als ich, die noch gelegentlich herausfiel; so, als ich einmal sagte: »... eine andere Frau hätte ...«, und er mich zur Besinnung brachte: »Da war nie eine andere Frau. Da war nie ein anderer Mann. Wir sind die ersten, Adam und Eva.« Als in einem Augenblick von Passion B.s Arm erstickend über meinem Hals lag, wehrte ich mich kaum, dachte nur noch stumm, dann sei es eben jetzt so weit.

Nur gelegentlich erwähnten wir nebenbei etwas Biographisches. Er: Seine Brüder, alle Offiziere, alle in Katyn erschossen (damals glaubte man noch von den Nazis), sein altes katholisches Adelsgeschlecht, das »schon im 14. Jahrhundert mit dem Schwert herumfuchtelte, während es bei dir vielleicht Rabbis gab.« Als Beamter im Vatikan hatte er polnischen Juden Visa ermöglicht. Ich: Berlin–Prag–London, Familie verstreut, verschollen – nichts Konkretes –, und dann sagte er eines Tages, wir beide hätten alle Schmerzen, alle Gedanken, Erleben dieser Zeit erfahren, jeder seine, zusammen bildeten wir die Welt, wir seien eins, vollständig, und ich, wir seien nahe, unendlich nahe, aber zwei. »Du weißt nicht, wie ernst es ist, was du sagst«, sagte er, als er damals ging. War es Rechthaberei, oder ahnte ich wirklich die Wahrheit unserer Epoche?

Dann kam der Tag, da B. anrief, er müsse sofort kommen. Edith war gerade bei mir, und Edith blieb die einzige aus meinem sonstigen Leben, die B. je sah, als er kam, als sie ging.

B. war gekommen, um mir zu sagen, daß er verheiratet sei. Zum ersten Mal gab er sich persönlich ganz preis: Die Heirat ließ sich nicht vermeiden, als das »italienische Mädchen aus sehr guter Familie« schwanger war (»das Thema sei eher, wie nicht zu verführen«), Fehlgeburt, und das Unglücksgeschöpf folge ihm überallhin. Er müsse in ein Land, wohin sie nicht nachfolgen könne, »denn jetzt bist du da«, er fahre nach Warschau.

Ich wußte, welche Degradierung hinter der kurzen Mitteilung steckte, die nicht herabsetzte, nicht klagte – dachte aber, aus diesen Fesseln seiner Vergangenheit muß er sich selber befreien. Wir rührten uns nicht an, als er ging.

In der Nacht begriff ich, was geschehen war, ich hatte

bestätigt: Wir waren zwei. In der Wüste dieser Nacht war ich bedingungslos bereit, meinen Weg zu lassen und wortlos ein verändertes Schicksal auf mich zu nehmen. Ich dachte an Tante Alices kleine Erbschaft, für Zürich geplant, und überlegte, ob es für eine Schwangerschaft, dem Siegel des Einssein, ausreichen würde. Versuchte zum ersten Mal, B. telefonisch zu erreichen, ergebnislos. Endlich antwortete er. Er sprach leblos. Wir dürften uns vor seiner Abreise nicht sehen, wir seien in Lebensgefahr. In Europa würden wir entscheiden, wo zu leben, ob er zu mir oder ich zu ihm käme. Das Gespräch brach plötzlich ab. Es war das letzte. Am Abend, als ich beim Nachhausekommen das Licht andrehte, erfolgte ein Knall, und in der Fensterscheibe war ein kleines Loch, von dem nach allen Seiten Sprünge liefen. B. hatte nicht übertrieben.

Wenige Tage nachher fuhr ich nach Zürich, verließ kurz nach der Rückkehr London. Alle Versuche, von Europa her B. aufzufinden – ich war für ihn ebenso unauffindbar geworden –, wurden, wie ausgepicht, geplant von einem höhnischen Schicksal vereitelt. Die einzige Hoffnung blieb der Vertrag für die polnische Übersetzung von *Perlmutterfarbe*. Sie wurde mit meiner Ausweisung gestoppt. Als wir viele Jahre später – auf einmal so einfach wie vorher unmöglich – in Verbindung kamen, war es für unsere neuen Lebensumstände zu spät. Leben vergeht nicht einfach. Er war verheiratet, hatte den späten Sohn – die beiden wußten von mir und respektierten mich. Er wollte kommen – ich schrieb, nein. Der Moment der unmöglichen Entscheidung war unwiederbringlich vorübergegangen.

An welchem Kreuzungspunkt unserer beiden Schicksale hatten wir uns getroffen, an welchem der Geschichte

Europas! Jeder war jetzt an den Ort gebannt, wohin er geschleudert worden war. Wir waren zwei, nicht eins. Tanzen und Klagen hat seine Zeit.

Ich fand das Teehaus nicht, nur leere Rasenflächen, wo es gestanden haben konnte. Die wenigen Spaziergänger im Park, in dem es bereits zu dämmern begann, waren zu jung, um es zu wissen. Da sah ich eine grauhaarige Frau, die einen Pudel spazierenführte, und ging auf sie zu: Ob sie wüßte, wo hier einmal ein Teehaus war? Nein, sagte sie, aber auf der anderen Seite des Parks könnte man eine gute Tasse Tee bekommen. Ich sagte, ich wollte keinen Tee, ich suchte den Platz, ich hätte einmal in London gewohnt.

Dunkel erinnerte sie sich nun, ja, da sei einmal ein Gartencafé gewesen, aber vor sehr langer Zeit. Ja, sagte ich, vor siebenundzwanzig Jahren. Fancy, sagte sie, to look for it after all these years! Wo ich jetzt lebte? In Israel! »Then you are Jewish?« Sie habe einmal für Juden gearbeitet, »such nice people!« War denn nicht heute ein jüdischer Feiertag? Ja, sagte ich, Jom Kippur, und danke schön und all the best.

DER ERSTE SCHLAG

Die Wahrheit triumphiert nicht,
nur ihre Gegner sterben aus.

Max Planck

Ich hatte geplant, in London viel Theater zu sehen, aber um die Zeit meines Besuchs war der Spielplan nicht interessant. Eine bemerkenswerte Shakespeare-Inszenierung gab es auch nicht. An einem Abend hatte die Aufführung eines Stücks des beachteten neuen Autors Tom Stoppard, »Dirty Linnen«, enttäuscht, und erst in der späteren BBC-Sendung eines seiner anderen Stücke war Stoppards dramatischer Ruhm verständlich geworden. In der Untergrundbahn sah ich ein Plakat für eine Vorführung im Planetarium, ein Konzert mit Laserstrahlen, das die hoffnungsvolle Erwartung einer akustischen Umsetzung von Stern-Spektren erweckte, und so machte ich mich von Oxford Street her zu Fuß auf den Weg hinüber nach Bakerstreet, durch ein vornehmes, unbelebtes Residenzviertel.

Auf einmal erschien die Gegend seltsam bekannt, obgleich Straße auf Straße und Häuserreihe auf Häuserreihe sich wiederholte in eleganter Stuck-Konformität, weiß, ungemildert durch eine wie immer geartete Unterbrechung, außer gelegentlichen Grünstreifen in der Mitte: Ich war in Gloucester Place, wohin ich nach dem Krieg durch mehr als zwei Jahre zweimal die Woche gegangen war; zu Toni Sussmann, meiner Trainingsanalytikerin.

Toni Sussmann war ungefähr siebzehn Jahre zuvor gestorben. Das letzte Mal hatte ich sie 1959 bei einem Kurzaufenthalt in London besucht, auf der Rückreise von Israel nach Berlin.

Sie war, als ich sie kennenlernte, eine bachstelzenhafte, kleine, ältere Dame mit grauem Knoten und wasserklaren blauen Augen, von einer natürlichen Authentizität, die ihre Kleinheit erst später realisieren ließ. Sie war eine katholisch konvertierte Halbjüdin, alte Jung-Schülerin und schon in Berlin eine bekannte Therapeutin gewesen, in den dreißiger Jahren mit ihrem viel älteren jüdischen Arzt-Gatten Richard nach London emigriert. Um die Ecke von Harley Street bewohnten sie ein selbstmöbliertes Apartment in einem vornehmen altmodischen Boarding-House, in dem völlige Stille herrschte und ein Butler die Haustür öffnete. Man saß sich in dem riesigen Wohn-Konsultationszimmer mit den exquisiten indischen Statuen in bequemen Fauteuils gegenüber, und wenn man zufällig um vier Uhr da war, brachte der fürsorgliche alte Richard jedem eine Tasse Tee, die er nebenan zubereitete.

Toni Sussmann ist die wohl bekannteste Analytikerin in der modernen Literatur, Hunderttausenden Lesern vertraut als die »Mother Sugar« in der ersten Ausgabe des *Golden Notebook* von Doris Lessing; und die Vermittlung zu Toni Sussmann ist »one of the three good things you did to my life«, die Doris – obgleich nachweislich falsch –, großzügig und präzis, erwähnte, als wir nach fünfundzwanzig Jahren Briefe wechselten.

Toni »konstellierte« tiefes psychisches Geschehen in Menschen, ohne daß sie äußerlich etwas dazu tat. Ich bewunderte ihre Fähigkeiten, schätzte ihr Wissen, ihren authentischen Ernst, ihren Undogmatismus jeder Art, war aber nie in »Übertragung«; sah sie, glaube ich, von Anfang an mit ihren großen Qualitäten, aber auch mit ihren Schwächen. Das tat weder der Arbeit noch meiner Wertschätzung Abbruch. Daß eine ihrer Schwächen in Zürich offenbar und für mich fast vernichtend wurde, habe ich ihr nicht nachgetragen. Wir sind alle nur Menschen, und verletztes Ego sucht Satisfaktion, noch nach Jahrzehnten. Toni plante wohl – so erwies sich später –, mit ihrer Schülerin eine alte mächtige Feindin und Jung zu beeindrucken. Die alte Feindin aber war unversöhnlich, war sich selbst treu geblieben.

Toni hatte angeregt, daß Helen (eine andere von ihr ausgebildete Therapeutin) und ich an dem ersten Semester des eben in Zürich neu gegründeten »Instituts für Komplexe Tiefenpsychologie« teilnehmen und dort ein Diplom erwerben sollten, was es für Jungsche Analytiker bisher nicht gegeben hatte. Vor allem aber wollte sie, daß Jung mich kennenlernte.

Mir hatte eine Erbschaft den Schweizer Aufenthalt ermöglicht. Sie war klein, denn meine Tante, die Chemikerin Doktor Alice Oelsner, Assistentin in den großen Jahren von Göttingen, besaß nicht viel, als sie als alte einsame Emigrantin aus Breslau und einzige Überlebende von drei Schwestern in Kuba, dem einzigen Land, das Visen gab, den Gashahn aufdrehte. Der Nachlaß wurde unter sieben Nichten und Neffen aufgeteilt. Mein Anteil reichte bescheiden für ein Semester.

Helen, eine Witwe Anfang der Vierzig aus der konservativen upper middle class, doch ohne deren Snobismus oder Beschränktheit, war eine kultivierte, heitere und reife Frau. Wir harmonierten ausgezeichnet trotz so unterschiedlichen Herkommens; verbrachten die drei oder vier Monate in Zürich im tagtäglichen Beisammensein und halfen uns gegenseitig, den Schocks der dortigen Realität zu begegnen. Denn wir waren mit hohen Erwartungen, vor allem, was das menschliche Niveau betraf, in die Zürcher Gralsburg gekommen.

Wir hofften, daß die Haushälterin, die uns beim ersten Besuch die Türe öffnete, nicht typisch für das Institut sein würde. Helen kannte nicht Elias Canettis *Die Blendung* und konnte daher nicht in Fräulein N. die Schweizer Version seiner Therese Krumbholz erkennen. Später erfuhren wir aus eingeweihten Kreisen, daß ihre hochfahrende Grobheit von allen, einschließlich Jung, toleriert würde, da sie eine Protegé von Toni Wolf war, warum auch immer. Uns schockierte dieser erste Eindruck.

Nach den finanziellen Regelungen hatte ich der Bürosekretärin ein Dokument zu übergeben, über das vorher korrespondiert worden war: ein dem Abitur gleichgesetztes Diplom. Da dies mir fehlte, war ich von der London University beraten worden, am *College of Preceptors* eine Prüfung in sechs Fächern abzulegen, die von britischen Universitäten als Abituräquivalent anerkannt wurde. Die London University hatte ihr eigenes, nur für sie gültiges *Entrance Exam*. Ich bestand sie nach kurzer eigener Vorbereitung. Als nachher alle anderen Einwände unhaltbar und zu beschämend für Zürich geworden waren, bediente man sich dieses Diploms. »Kein Abitur.«

Helen und ich hatten schon in London aus der Liste der verfügbaren Zürcher Kontrollanalytiker den Direktor des neuen Instituts Doktor C. A. Meier gewählt. Sonst standen zur Verfügung: Doktor Jolan Jacobi, die offizielle Jungsche Theoretikerin, Jungs Frau Emma, Doktor Binswanger (keinesfalls zu verwechseln mit seinem berühmten Namensvetter), Ms. Toni Wolf, die »graue Eminenz« des Kreises, und einige andere. Wir fanden die Wahl dieses seriösen maulfaulen Psychiaters zufriedenstellend.

Zu dem ersten Semester, völlig abgestellt auf das angelsächsische System, waren siebzehn oder achtzehn Studenten gekommen, teils aus Amerika, teils aus England. Die meisten Amerikaner – manche hatten ihre Frauen mitgebracht – waren jünger und finanzierten ihr Studium mit einem Kriegsveteranenstipendium. Diese waren intelligent und angenehm und zeigten keine der nach dem Kriege in Europa als »amerikanisch« auffallenden und kritisierten Eigenschaften. England war meist wohlhabend, prätentiös und im Alter unterschiedlich vertreten.

Das Niveau einiger Kurse und Seminare – täglich vier bis fünf Stunden – war hoch, das manch anderer nur befriedigend, das eine oder andere hätte man besser erwartet. Danach hatte man zwei wöchentliche Sitzungen mit dem Kontrollanalytiker, der außer der abgeschlossenen Trainingsanalyse auch das theoretische Niveau beurteilen sollte.

Von den Dozenten beeindruckte vor allem Marie-Luise von Frantz durch ihre brillante Intelligenz; eine Tiroler Adelige Mitte der Dreißig, von großliniger Hübschheit und luzidem, präzisem Geist – das Bild einer scharfsinnigen, seltsam unschuldigen Athene, doch später vor der Zeit schwerstens gesundheitlich angegriffen und frühzeitig gealtert. Merkwürdig festzustellen, daß kaum Nachfolge an Männern war; nachdenklich stimmend, wie schwer der Krebs ebenso in dem Kreise hauste wie frühzeitige andere schwere Erkrankungen.

Auch Karl Kerényi ist inzwischen gestorben, der aristokratische ungarische Mythologe mit Aussehen und Gestik eines verschmitzten gotischen Engels. Die inspirierte Interpretation eines Themas geht in seinem Schreiben etwas verloren, so daß kein Leser das unvergeßliche Erlebnis haben kann wie zum Beispiel wir bei der Entwicklung seiner These, daß die vier Hauptgöttinnen der griechischen Mythologie – Hera, Athene, Aphrodite und Artemis – die vier Mondphasen versinnbildlichten. Ich schätze es als eines der größten Komplimente, daß Kerényi mir nach dem ersten Semester versicherte, ich hätte ihn durch mein Dasein dazu inspiriert.

In einer der ersten Nächte in Zürich hatte ich einen merkwürdigen Traum, zu dem Doktor Meier in unserer Analysestunde meinte, so mancher würde, solcherart gewarnt, seine Sachen packen und wegfahren. In dem Traum ging es um die tödliche Bedrohung einer harmonisch entwickelten vierteiligen Einheit durch »eine Halskrankheit«. (Scherzhaft sagt man: Schwyzerdütsch ist keine Sprache, sondern eine Halskrankheit.) Wir einigten uns jedoch optimistisch darauf, den Traum »innerpsychisch« anzugehen. Wie hellsichtig ist jedoch das Unbewußte.

Unser Kontrollanalytiker schien beeindruckt von Helens und meiner vorangegangenen Analyse. Unsere Kollegen hatten sich angewöhnt, in theoretischen Zweifelsfällen mich zu Rate zu ziehen. Und über Doktor Jacobi, die offizielle Theoretikerin, spöttelte man sogar in einer Blackout-Szene bei einer Institutsparty, sie würde vor jeder theoretischen Festlegung erst meine Zustimmung erfragen. Vielleicht war es eben leichter, in dieser ansonsten gehemmt steifen Atmosphäre sich an jemandem zu orientieren, der mitdachte.

Das Seminar von Toni Wolf hatte ich nach wenigen Malen aufgegeben, obgleich ungern, denn es war funkelnd interessant. Die weißhaarige, elegante alte Frau am Stock mit dem autoritären Auftreten einer deutschen Generalin und den harten weitaufgerissenen grünblauen Augen einer Nixe hatte mich vom ersten Moment an mit schneidender Ablehnung behandelt, bevor wir noch ein Wort gewechselt hatten. Man wußte, daß sie, obgleich nicht Mitglied des Kuratoriums, die entscheidende Kraft hinter den Kulissen war. Die Zürcher Fama erzählte, wie sie, lange die Gefährtin Jungs, mit ihrer scharfen Intuition ihn ins Bewußtsein zurückgeholt hatte, als er sich im Eigenexperiment soweit ins Unbewußte hatte fallenlassen, daß er nicht mehr zurückfand. Toni Wolf kam man allgemein mit furchtsamem Respekt entgegen wie einem mächtigen Idol, einer Kali, ihr und ihrem wütend kläffenden kleinen schwarzen Hund, der jedem Besucher an die Beine fuhr.

Toni Wolf reagierte auf mich wie auf ein rotes Tuch. Niemand wußte warum. Zwei meiner amerikanischen Kollegen schlugen amüsiert ein Experiment vor: Da sie auf jede meiner Fragen oder Bemerkungen mit einem Angriff reagierte, brachten sie, als wären es die eigenen, hintereinander die meinen vor. Das Ergebnis war wie erwartet: Toni Wolf honorierte sie mit großem Interesse. Also entschied ich, auf ihr Seminar zu verzichten.

Zu Weihnachten waren drei Wochen Ferien, und ich beschloß, da Zürich teuer war, zum ersten Mal seit zwanzig Jahren in mein einst heimatliches Wien zu fahren, das ich als 16jährige verlassen hatte. In Wien war 1947 mein Prager Kinderroman über Physik in seiner ersten deutschsprachigen Ausgabe erschienen, und dafür lagen dort Tantiemen, die nicht ins Ausland überwiesen werden durften. Im Arlberg-Express traf ich Doktor Jacobi auf der Reise in ihre Heimat, nach Ungarn. Es hatte sich zwischen uns ein freundlicher Kontakt entwickelt, der nicht nur auf gegenseitiger Wertschätzung, sondern, wie sich nachher herausstellte, auf ihrer jüdischen Vereinzelung am Institut beruhte, obgleich sie zum Katholizismus übergetreten war; wie ich vermute, nicht aus Gläubigkeit. Bis dahin war sie, offizielle Jungsche Theoretikerin und als solche weltbekannt, nicht in den »Jung-Club« aufgenommen worden. Sie schrieb es Toni Wolf zu.

Ich wußte damals noch nichts von Jungs Rolle während der Nazizeit. Toni Sussmann hatte nichts darüber gesagt; selbst als ein amerikanischer Kollege (der einzige jüdische Student außer mir) mich einmal danach fragte, sagte ich, ich wüßte nichts davon.

Weihnachten 1948 war keine wirkliche Wiederbegegnung mit meiner Geburtsstadt. Das kam erst 1962, auf meiner dritten Israelreise, als ich meine Kindheit in Döbling und Grinzing einsammelte, weil sich eine Lebenskonsequenz – Israel – abzuzeichnen begann. Zu Weihnachten 1948 aber verbrachte ich die Zeit in der Inneren Stadt, die nicht mein Kindheits-Wien gewesen war; genoß es, mich nach so vielen Jahren der Armut und Entbehrung von den Tantiemen meiner Bücher einkleiden zu können. Ein Kleid aus einem in der Schweiz gekauften schwarz-roten Hahnentritt, angefertigt in einem Wiener Salon, gehört zu den zwei besten Gewändern meines Lebens.

Aber es wären wohl sonst kaum viele Erinnerungen an diesen Wiener Aufenthalt geblieben – außer dem Verdruß mit meinem Wiener Verleger, der ohne meine Zustimmung einem sparsamen Schweizer Verlag die Lizenz für mein Buch gegeben hatte, für die er nie bezahlte – hätte sich nicht eine Serie von solch penetrantem Glück manifestiert, wie ich es in meinem Leben, weder vor- noch nachher, erlebte. Ich konnte tun, was ich wollte, alles gelang wie durch Zauber, bis es mir unheimlich wurde; denn es erinnerte an den Ring des Polykrates. Solch mechanisches Glück ist ebenso erschreckend, irrational wie unbeeinflußbares Pech.

Glück, als ich erfuhr, daß ich als Österreicherin (nach dem Krieg hatte ich ohne Schwierigkeiten meinen österreichischen Paß wiederbekommen) nicht wieder ausreisen konnte, aber ein hoher Beamter im Innenministerium mit plötzlicher sentimentaler Zuneigung, fast mit Tränen – da er ja damit mein Wegfahren ermöglichte – die Ausreise regelte. So, als ich am Flughafen erfuhr, daß ins Ausland keine österreichischen Schillinge (aus meinen Buchtantiemen) mitgenommen werden durften. Auf die Routinefrage des Zollbeamten in Schwechat hatte ich wahrheitsgemäß geantwortet, mit der Begründung, daß bei Verlassen der Tschechoslowakei, wohin ich zuerst flog, und beim Wiedereintritt nach Österreich, auf dem Wege in die Schweiz, ich die Fahrkarte in Schillingen kaufen müßte. Anderes Geld hätte ich nicht. Verdattert über die Aufrichtigkeit und merkwürdige Logik, erklärte er schließlich: »Ich habe nichts gehört«, und ließ mich mit meinen Schillingen gehen.

Nach Prag mußte ich fahren. Eine meiner besten Freunde aus der Londoner Emigration, eine Gynäkologin, war nach einer spontanen Fehlgeburt in Depression gefallen und hatte bei meinem Anruf aus Wien dringend gebeten, ihr beizustehen. Wie die meisten jüngeren Frauen dieser Generation hatte sie erst nach der Emigration, also schon Mitte Dreißig, an Kinder denken können. Überanstrengung und Entbehrung und die beginnenden politischen Schwierigkeiten für Heimkehrer aus der West-Emigration (ich hörte zum ersten Mal davon) hatten zu dem Abortus geführt. Auch hier hielt mein

Glück an: Auf der Wiener tschechoslowakischen Vertre-
tung bekam ich ohne weiteres ein Besuchsvisum und
flog für die verbleibenden drei Tage Weihnachtsurlaub zu
Cylka.

Prag machte einen schlimmen Eindruck. Die Schaufenster waren leer, oft stand nur das Bild Gottwalds, des neuen
Ministerpräsidenten, darin. Man spürte, daß gefährliche
Entwicklungen im Gange waren, weit abweichend von
dem, was das Volk sich von einer hauptsächlich kommuni-
stisch ausgerichteten Regierung erwartet hatte. Die Menschen, auch die meisten meiner Freunde, waren besorgt,
bestürzt, wie auch mein edler ehemaliger Verleger Přikril,
wie die guten kleinen Leute auf der Kleinseite. Viele sollten in absehbarer Zeit in Isolierung, Verfemung, Arbeits-
losigkeit, Gefängnisse geraten, Cylka, Leiterin einer Ge-
burtsklinik, bald vor Gericht stehen, wo man ihr vorwarf,
daß sie die Frau des inzwischen gehängten Ministerpräsidenten Slánský entbunden hätte; und Cylka dem Gericht
voll brüsker Verachtung erwiderte: »Was denn? Hätte ich
das Kind zurückstecken sollen?« An jenem Weihnachten
spürte man, wie die einstige sozialistische Hoffnung hin
wurde.

Meine mechanische Glückssträhne hielt an. Als ich,
schon im Zug bei der Ausreise, erfuhr, daß nun aus
der Tschechoslowakei wiederum keine Devisen ausge-
führt werden durften, vertraute ich mein Dilemma dem
tschechischen Schlafwagenschaffner an, der Paß wie die
Schillinge für die Fahrkarte an sich nahm und beides am
Morgen, als wir schon durch Österreich fuhr, mir zu-
rückbrachte und nur auf Drängen ein Trinkgeld annahm.
Plötzlich bemerkte ich, warum ich nur zögernd Cyklas
Drängen nachgegeben hatte, einen Tag länger zu blei-

62

ben: Um diesen Tag war mein Rückreisevisum in die Schweiz überschritten.

Ein sonnengebräunter Schweizer – wie ein Reklameplakat für das Jet-Set – der in St. Andreas mit seinen Skiern einstieg und von meiner Panne erfuhr, erbot sich, in Zürich sofort die Verlängerung in die Wege zu leiten, da die Schweiz mich keinesfalls mit einem abgelaufenen Visum einreisen lassen würde. Ich aber versicherte ihm, es würde glattgehen, ich hätte Glück; und fassungslos schaute er zu, wie der Grenzbeamte, dem ich meinen Paß aufgeschlagen hinhielt, ohne Zögern einen Stempel hineinschlug. Ich öffnete die Flasche Kognak, von den letzten österreichischen Schillingen in Salzburg gekauft, machte kleine Papierbecher, und das ganze Coupé trank einen Toast auf mein Glück, nur war der Kognak schlecht; und als auf dem Bahnsteig in Zürich die Flasche herunterfiel und der schlechte Kognak nach allen Seiten floß und ich sagte, ein Glück, daß er weg ist, da war mein Begleiter – er hatte meinen Koffer genommen – so beeindruckt, daß er mich bat, mit ihm zu dinieren. Wir hatten ein reizendes Forellendiner bei Kerzenlicht nahe der Frauenkirche, und als er stockend begann, daß mit so jemandem das Leben auf einmal Sinn bekäme, überredete ich ihn, daß er nicht von mir, sondern von meinem Glück beeindruckt sei. Für einen Augenblick stand ich auf der nächtlichen Brücke, schaute in den Fluß, in dem sich die Lichter Zürichs spiegelten, und empfand dankbar die Befreiung von dem Alptraum Prag. Nie hätte ich gedacht, daß die Schweiz mich je so beglücken könnte wie in diesem Moment.

Trotz Zürichs landschaftlicher Schönheit, seiner Sauberkeit und Gepflegtheit fühlte man sich nicht recht behaglich in all dem Überfluß. Fast das ganze Europa hatte

Partei ergriffen gegen das Hitlermonster, mit all seinen Kräften und darüber hinaus, hatte einen furchtbaren Preis für den Sieg bezahlt, war zertrümmert, arm und weiter in Erschütterungen, um für das Nachher Lösungen zu finden. Hier aber schrieb man in selbstgerechter Zufriedenheit den unberührten Wohlstand und dem problemlosen Gemüt der eigenen Bravheit, dem eigenen Fleiß zu und verschwendete keinen Gedanken an die Bankierrolle, die man gespielt hatte, mit der bewährten Philosophie, daß ein Rappen einen anderen Rappen heckte. Die Überzeugung, daß Wohlstand Gottes Auszeichnung sei, war überall spürbar.

Das Semester schloß. Einige der besten Kollegen allerdings hatten beschlossen, nicht fortzusetzen. Abgesehen von den gebotenen Seminaren fanden sie die Atmosphäre am und um das Institut enttäuschend, ja sogar sinister. Helen hatte in Bob, einem introvertierten Amerikaner, Assistent von Künkel, einen Lebensgefährten gefunden, und auch die beiden beschlossen, Zürich zu verlassen. Man hat ihnen das sehr übelgenommen und sie in Amerika mit allen möglichen Gerüchten zu isolieren gesucht. Ich aber wollte unbedingt ein zweites Semester beenden, da man mir schon danach als erster die neue Abschlußprüfung des Instituts zugesagt hatte. Der Vorsitzende des Kuratoriums hatte meine Trainingsanalytikerin in London von dieser ungewöhnlichen Einschätzung offiziell informiert. Darum bewegte Toni Sussmann eine Mäzenin, dieses zweite Semester zu finanzieren, und im Februar 1950 fuhr ich wieder nach Zürich.

Die Atmosphäre schien verändert. Nicht nur, weil Helen nicht mehr da war. An ihrer Stelle wurde ein alter irischer Arzt, Mac, zu einem ergebenen Freund, der früher die Vorgänge durchschaute als ich, da ich noch meinte, daß er übertrieb. Im Bemühen, nicht empfindlich oder subjektiv zu sein, münzte ich sie zuerst nicht auf mich. Die Arbeit füllte mich ganz aus; weite Ausblicke eröffneten sich, nicht angelerntes, sondern schöpferisch Verwandtes. Das war nicht zu übersehen. Es wurde nicht übersehen; Kollegen erbaten meine analytische und theoretische Hilfe. Frau Jung in ihrem Abendseminar über Traumtheorie, in Deutsch abgehalten, wodurch die Hörerschaft anders zusammengesetzt war, machte mich quasi zu ihrer Assistentin. Ich hatte keine Zeit für das befremdliche Wetterleuchten, das hier und da aufblitzte. Es zur Kenntnis zu nehmen schien mir kleinlich.

Bis zu einem merkwürdigen Traum: Da war, noch vor Berlin, eine strikt zweigeteilte Stadt. Von der einen Seite auf die andere sollte »auf die Juden« eine Bombe geworfen werden, doch war in dem feindlichen Teil ein Freund, der warnte. Was mich daran besonders erstaunte, war das »gegen die Juden«; denn ich hatte in meinem Leben kaum persönlichen Antisemitismus kennengelernt; es war mir selbstverständlich, Jüdin zu sein – so wie die selbstverständliche Tatsache, daß man braun oder blond oder rothaarig ist. Da sagte Doktor Meier, nachdem ich den Traum erzählt hatte: »Treten Sie von der Prüfung zurück.«

Ich fiel aus allen Wolken. »Sie meinen, daß ich doch noch nicht so weit bin?«

Das nicht, brummte er durch die Pfeife. Aber es sei nicht erwünscht.

Er wüßte doch, daß ich es mir finanziell nicht erlauben könnte, länger zu studieren, sagte ich. Und warum, wenn man mich für qualifiziert hielt ...

Daran zweifelte man nicht, brummte er weiter, eben darum sei im Kuratorium sogar erwogen worden, mich einfach durchfallen zu lassen, was sich immer arrangieren ließe. Deshalb riete er mir, freiwillig von der Prüfung zurückzutreten.

Ich verstand nicht. Was hatte man gegen mich?

Jemand verbreitete, ich sei ein kommunistischer Spion, gekommen, »das Institut auszuspionieren«.

Was war das? Wie kam man darauf? Weil ich in Prag gewesen war? Warum fragte man mich nicht?

Doktor Meier zuckte die Achseln. »Sie haben eine mächtige Feindin.«

Zugegeben, es war naiv, daß ich zu weinen begann, vor Beleidigung, vor Enttäuschung – eine lächerliche, unzeitgemäße Jeanne d'Arc: Solche Leute seien Psychologen? Hier, in diesem Bereich angeblich tiefster psychischer Bezüge war solche Primitivität möglich? Woher kam dieser böse Wille? Ich konnte nicht daran glauben. An Irrtum vielleicht, aber nicht an bösen Willen.

Wieso eigentlich nicht? Was hatte ich vor einigen Jahren in London erlebt?

In London war ich Regisseurin geworden, völlig ungeplant. Kommt man entwurzelt in ein neues Land, dann ist die Vergangenheit wie ausgelöscht, der Weg abgebrochen. Man muß sich neu sammeln, definieren, konstituieren. Das braucht lange Zeit. Zwei andere schöpferische Wege waren durch die politischen Ereignisse mit dem dazugehörigen Land unwiederbringlich wie hinter den Fersen abgeschnitten worden; in Berlin die konzentriert-spontane Schöpfung im Moment des Sprechens, ermöglicht durch das neue Medium Rundfunk: die ersten Kurzfilme, auf der Internationalen Lehrfilmschau des Völ-

kerbundes 1932 als »neue europäische Dramaturgie« aufgenommen, ein Jahr später abgebrochen; beides, wie sich
zeigte, für immer. In Prag der neue – damals erste – Versuch, Literatur und Geist der Naturwissenschaft literarisch
zu einer Synthese zu vereinen, wohl weil ich mit meinen
vierundzwanzig Jahren nach Sinn suchte in der demo-
ralisierenden »Vorläufigkeit« der Emigration. Ich wollte
einen Physikroman für die einzige Leserschaft schreiben,
die ich vertrauenswürdig fand in dem Chaos, das ich vor-
ahnte: Kinder. Atomphysik – damals noch ziemlich neu –
hatte mich fasziniert, obgleich ich nur mein Physikwissen
aus der Realschule hatte. In meiner Ausrichtung auf Physik wurde ich immer bescheidener (obgleich ich durch
meinen Plan die große Möglichkeit bekam, durch eines
der ersten Elektronenmikroskope zu schauen) und landete
bei der Elementarphysik. Namhafte Wissenschaftler inter-
essierten sich für die Idee und belehrten mich individuell,
der eine über dieses, der andere über jenes physikali-
sche Problem und stellten sich auf die Romanfiguren
ein. So entstand der anti-technische, prowissenschaftliche
Roman *Die wirklichen Wunder des Basilius Knox* für Kinder von zehn bis siebzig Jahren, publiziert zuerst Anfang
1938 in tschechischer Übersetzung im Verlag von *Masa-
ryk und Beneš*, ČIN, dem Legionärsverlag, und von der
tschechischen Presse beachtet wie selten ein Kinderbuch
vorher, in dem sich, literarisch aufgelöst, Sinnbegreifen-
des mit Utilitaristischem konfrontiert; unwissentlich war
ich damit auf das Problem der kommenden Jahrzehnte
gestoßen. Selbst der Erzbischof von Prag, Beran, bezeichnete es, trotz der darin angedeuteten Mehrwerttheorie als
»dieses Buch der Liebe in unserer Zeit des Hasses«. Wie
ich während des Krieges im BBC hörte, wurde es von

Himmler verboten, da man es auch in den tschechischen Schulen neben dem Unterricht verwendete.

In Prag also war das Sprechen von Berlin ausgelöscht; in England das Schreiben von Prag abgebrochen und man selber, zweimal schöpferisch vereitelt, amorph. Wieder neue Sprache, neue Umgebung. Neue Menschen. Neue, andere Welt – zum dritten Mal in zwölf Jahren.

Ein Heim für Emigrantenkinder wegen der Kriegsgefahr an die Südküste evakuiert, war aufzubauen, Schulunterricht war zu geben. Ich schrieb für die Kinder ein Stück aus tschechischen, deutschen, englischen Brocken mit »Where do you come from?«, mit dem wir auch in der Londoner Canterbury Hall gastierten. Ich blieb in London, freundlich aufgenommen von den dortigen tschechischen Emigranten, und begann bald, eine Inszenierung für »Young Czechoslovakia« vorzubereiten. Ein neuer Weg, eine neue Facette konstellierte sich.

Die Leitung der Jugendorganisation »Young Czechoslovakia«, die diese Kulturgruppe adoptierte, war unter sozialdemokratisch-kommunistischer Leitung, wobei, wie bei den meisten Einheitsfrontunternehmungen, die Kommunisten bald den größten Einfluß hatten. In vielen dieser tschechischen Kommunisten und denen, die mit ihnen sympathisierten, traf ich, wie einst in Berlin, edle Menschen, deren Verhalten und Ethik den Humanismus verkörperten. Und gleichermaßen menschlich, undogmatisch waren auch die anderen tschechoslowakischen Gruppierungen. Sie erinnerten sich dankbar an Rußlands Bereitschaft, dem Land 1938 beizustehen. Die Abwendung der Tschechen vom Westen nach dem Krieg ging auf die fatale Haltung der Westmächte beim Münchner Abkommen zurück.

Ich hatte bei der unfaßbaren Besetzung Prags durch Nazi-Deutschland mir selber das Gelübde abgelegt, soweit es in meinen Kräften stand, mitzuhelfen, dieses Geschehen zu revidieren. Denn Prag und die Tschechen waren mir in den fünf Jahren der Emigration so nahe geworden wie kein Land, kein Volk zuvor; und ich war froh, nun künstlerisch mein Scherflein beitragen zu können, als politisch mit den Kommunisten »Sympathisierende«.

Der Fall von Paris war fast solch ein Schlag gewesen wie die Besetzung Prags, und darum sollte meine erste Inszenierung ein Tribut an Frankreich sein, stellvertretend für die zu sprechen, die zum Schweigen verurteilt waren. Die »French Scene« bestand aus französischen Volksliedern vom Barock bis zur Carmagnole, die ich bearbeitete, indem ich Chöre und Solis einstudierte, Kostüme, Choreographie entwarf, vom Klavier her begleitete und dirigierte, einen Teil des Zolaschen »J'accuse« sprach; alles natürlich ohne Bezahlung. »Plaisir d'amour ne dure qu'un moment – chagrin d'amour dure toute la vie« – dieses Stück wurde in Canterbury Hall vor Hunderten von Menschen uraufgeführt, ein großer Erfolg. »Plaisir d'amour ne dure qu'un moment – chagrin d'amour dure toute la vie« wurde zu einer Art tschechoslowakischer »signature tune«, noch lange nach der Rückkehr der Tschechen in ihr Land. »Young Czechoslovakia« war mit einem Schlag in London zur Berühmtheit gelangt und wurde zu Dutzenden Vorstellungen in Theater und die großen Luftschutzkeller eingeladen; ich zu einer bekannten »Tschechoslowakin«. Oskar Kokoschka schrieb mir nach der Premiere: »Sie sind ein geniales Weib ...«

Nicht lange danach – 1941 oder Anfang 1942 – bekam ich eine Vorladung nach Scotland Yard, wie viele der Refugees, das Land war ja im Krieg. Auf einem der Gänge traf ich den Leiter der Ausländerabteilung, der mich, die er von der Bühne her kannte, begrüßte, »Miss Jokl, was machen Sie hier?«, in ein Wartezimmer führte, große Komplimente über die »French Scene« machte, sagte, er hätte gehört (hm, hm), daß ich nun eine »English Scene« vorbereitete und – er war Schotte – mich beschwor, nicht die schottischen Volkslieder zu vergessen; der große kräftige Mann begann gerade, singend, einen Volkstanz aufzuführen, sagte eben: »Dazu tragen die Männer an den Knöcheln Schellen . . .«, als sich die Türe öffnete und ein magerer ältlicher Mann mich holen kam. Zu ihm war ich vorgeladen.

Ohne Umschweife fragte er, ob ich Mitglied der Kommunistischen Partei sei, was ich wahrheitsgetreu verneinte. Er wurde gröber: Ob dies die Wahrheit sei, sonst . . . Es schien eine Denunziation vorzuliegen. Und ich, empört, daß so ein Typ mein Wort anzweifelte, sagte, obgleich ich nichts dabei fände, Parteimitglied zu sein, sei ich es nicht, sondern eine Sympathisierende. Da ich in meinem Leben es noch nicht notwendig gefunden hätte, nicht die Wahrheit zu sagen, würde ich nicht ausgerechnet bei ihm damit anfangen. Worauf er erwiderte: »We can be nasty, very nasty, indeed.«

Voller Verachtung für solch brutale Drohung – ich habe etwas Ähnliches später noch einmal in Ostberlin erlebt – ging ich. Ich dachte nicht mehr daran, sondern war mit der neuen Inszenierung beschäftigt. Der Boß schickte übrigens ein schottisches Liederbuch.

1945 wurde ich daran erinnert.

Knapp nach dem Kriege wandten sich die Amerikaner an die Emigrantenverbände, da sie für Deutschland

Zensoren suchten; und da dies die erste Möglichkeit war, an Ort und Stelle dem Schicksal meiner verschollenen Mutter und ihres zweiten Mannes nachzuforschen, meldete ich mich, durchlief eine Prüfung, wurde aber zu meiner Verwunderung abgelehnt – als einzige auch von vielen Linken, darunter bekannten Kommunisten. Nicht bereit, dies kommentarlos hinzunehmen, machte ich mich auf zu dem leitenden Offizier der amerikanischen Militärverwaltung für Deutschland in London und fragte, warum ich abgelehnt worden sei. Er holte die Akte, blätterte darin und sagte dann verlegen, daß sich die Amerikaner an britische Stellen um Auskünfte wendeten. Was aber da über mich stünde, sei – »the most infamous denunciation I have seen from the infamous British Service«. Damit also hatte die Ratte gedroht: »We can be nasty, very nasty, indeed.« Wessen bewußt denunziatorischen Racheakt sie damit durchführten, kann ich bis heute nur ahnen. Der amerikanische Offizier bot mir nun, sichtlich beeindruckt, »einen höheren Posten in der Militärregierung« in Deutschland an, der meinen »Qualifikationen entspräche«. Ich lehnte dankend ab. Zensor wäre eine vorübergehende bescheidene Aufgabe; da aber alle meine menschlichen Beziehungen auf Vertrauen basierten, würde ich nicht einmal in Deutschland »einen höheren Posten« in der Besatzungsbehörde annehmen. Er drängte, bedauerte dann, und wir schieden in großer Freundlichkeit.

Ich war seitdem immer wieder auf die Schleimspuren dieser »most infamous denunciation« gestoßen, ohne ihren Inhalt je zu erfahren. Jeder Lump konnte sich ihrer bedienen. Und in den folgenden Jahren, wo es um Positionen, um Karrieren auf allen möglichen Gebieten ging, waren solche Verbindungen auch an den unerwartetsten Stellen nützlich und verbreitet.

Rechtsanwälte, konsultiert, erklärten, man könne erfahrungsgemäß nicht an diese Stellen herantreten – höchstens durch Zufall an sie geraten. Da ich aber niemanden, »der solche Verbindungen hatte«, von keiner Seite in meine Nähe ließ, konnte sich kein »Zufall« ergeben, kein Klamm im Gasthofsbett überrascht werden. Übrigens habe ich in England bei Besuchen nie irgendwelche Schwierigkeiten gehabt. Die Ratte schien auf andere Kontakte spezialisiert.

Ein merkwürdiges Phänomen: Wieso schämt man sich für das Unrecht und die Gewalt, die einem angetan werden? Schämt man sich für die Dimension von Gemeinheit, also für den Täter? Oder schämt man sich dafür, mit Schmutz in Zusammenhang gebracht zu werden, so daß der Stolz verbietet, ihn auch nur zu wiederholen? Oder fürchtet man, daß der Sachverhalt des Bösen als Hirngespinst erklärt würde? Warum schwieg Olga? Ich erinnere mich an mein Erstaunen, als Martin Buber, ganz matter-of-fact, dazu sagte: »Eine der üblichen Gemeinheiten des Secret Service.« Das stand auf der Tagesordnung, war »standard procedure«.

In Zürich dachte ich damals nicht daran. Psychologen und Geheimdienstverbindungen waren mir zusammen nicht denkbar.

Bei unserer nächsten Stunde hatte ich mich gefaßt, gab meinem Analytiker psychologische Interpretation solcher Gerüchte: daß jemand meine intuitive Wahrnehmung als Gefahr empfände.

Es ist immer wieder überraschend, wie viel hellsichtiger das Unbewußte ist als das Bewußtsein. Als ich das nächste Mal einen Traum erzählte, worin ein hinkender Wolf mir auf dem Weg zum British Museum nachschlich, rief Doktor Meier erleichtert: »Na endlich!« Da erst begriff ich, wer der *spiritus rector* hinter den Gerüchten war: Toni Wolf.

Nicht lange danach war ich bei Doktor Jacobi eingeladen. Als sie öffnete, füllte sich durch den Zug das Vorzimmer mit dickem Rauch: ich riß die Küchentür auf, drehte den Gashahn an dem lichterloh brennenden Ofen ab, riß das Fenster auf.

Mag sein, daß diese Rettung sie erschütterte, jedenfalls drang auch sie in mich, von der Prüfung abzusehen. Man plane, mir eine Falle zu stellen, um mich durchfallen zu lassen. Toni Wolf sei meine erklärte Feindin.

Ich sagte, Doktor Meier hätte mir davon erzählt, aber Professor Jung würde doch wohl anwesend sein und solche Manipulation nicht zulassen. Sie schaute mich mitleidig an: »Was, dieser Antisemit?« Es sei unerwünscht, daß ich, eine jüdische Emigrantin aus »keiner Familie«, das erste Diplom machen sollte. Als ich erwiderte, daß immerhin mein weltberühmter Onkel, Professor Sello Aschheim, einen Einführungsbrief geschrieben habe, spottete Doktor Jacobi, ein amerikanischer Bankier wäre besser gewesen. Da Jung durch seine Haltung während der Nazizeit desavouiert sei, wäre nun das Ziel, sich durch Schüler aus einflußreichen konservativen Kreisen zu etablieren.

Doktor Jacobi meinte es gut. Sie drängte, auf das Zürcher Diplom zu verzichten. Ich käme ihr vor wie ein König auf dem Weg zur Krönung, den im Thronsessel ein Nagel störe – das lächerliche Diplom. Und ich: Wie immer auch – Jungs Genialität, die so große Türen der Erkenntnis geöffnet hätte, könne, was immer seine kleinlichen Vorurteile seien, nicht Werte negieren. Doktor Jacobi zuckte die Achseln: »Vielleicht haben Sie recht und gewinnen. Bei meiner Doktorprüfung in Wien ist ja auch schon die Gestapo dringesessen ...«

Das dritte der fünf Kuratoriumsmitglieder, das mich warnte, war Doktor Lilian Frey, als sie mir eine Woche vor der Prüfung den Syllabus übergab, obgleich der, so verspätet, für mich keinen praktischen Wert mehr hatte; doch kannte ich den Großteil des ausführlichen Materials. Ob ich wüßte, daß ich eine mächtige Feindin hätte? Ja, sagte ich.

Die Anzeichen waren nicht zu übersehen. In Jungs Haus wurde eine Party für die Studenten arrangiert, ich war nicht eingeladen. Toni Wolf. Sie hätte vermutlich jeden Schüler ihrer ehemaligen Antagonistin Toni Sussmann herabgesetzt. Hier aber spürte wohl die ehemalige Nixe mit ihrer außerordentlichen Intuition, daß in meiner Person Mehrdimensionales aufgetaucht war, das, wenn zur Kenntnis genommen, in den innersten Kreis gehörte. Das durfte nicht geschehen. Und so manipulierte sie zeitgemäße Platitüden, die in einer immer zweidimensionaler werdenden Welt einleuchteten. In Amerika war die McCarthy-Zeit angebrochen.

Was aber hatte der große Jung damit zu tun? Ich durfte mich durch Toni Wolf nicht gegen Jung einnehmen lassen. In mir feierte St. Joan fröhliche Urstände; Joan, die, nach Bernard Shaw, noch vor Beginn der Gerichtsverhandlung den Segen des Erzbischofs erbat, der gekommen war, sie zu verurteilen. So unerschütterlich war die Achtung, die Hochachtung vor der Integrität des Geistes.

Aber nicht alle Anzeichen erkannte ich als das, was sie waren.

Nach ihrem letzten Seminar kam Frau Jung auf mich zu, zurückhaltend, wie sie war: Nicht sie, wie geplant, sondern ihr Mann wolle die Prüfung in Traumtheorie übernehmen, sagte sie. Höflich erwiderte ich, es freue mich, Professor Jung endlich persönlich zu treffen. Sie zögerte. Sie habe von ihrer Sekretärin Frau Schmidt die vier Punkte der Jungschen Traumtheorie aus Seminar-Protokollen herausschreiben lassen, es seien nämlich sonst nur drei veröffentlicht. An Stelle drei sei der neue Punkt nur in Seminarprotokollen vermerkt. Sie gab mir den Zettel, dann die Hand und wünschte alles Gute für die Prüfung.

Ich fand den mir bisher unbekannten Punkt nicht besonders wesentlich, war aber berührt von der Aufmerksamkeit Frau Jungs, die für ihre Zurückhaltung bekannt war. Ihre Tochter Margaret hatte einmal erzählt, wie die schöne Mutter, als vor Jahren der Verehrer einer der Töchter sie mit dieser verwechselte, aus Scheu nicht widersprochen hätte.

Daß es sich nicht um Überwindung von Schüchternheit handelte, als sie mir den unbekannten Punkt und das Auswechseln der Prüfer zu wissen gab, daß Frau Emma Jung Stellung nahm – so, wie des Teufels Großmutter in dem Grimmschen Märchen den kleinen Menschen rettet, indem sie ihm die Antworten auf des Teufels Trickfragen verrät –, diese existentielle Tat der reservierten Frau um der Integrität willen sollte sich in ihrer ganzen erschreckenden Größe wenige Tage später erweisen.

Jung traf ich in der vorletzten, der fünften Prüfung.

Das heißt: Ich traf ihn nicht. Als ich hereingerufen wurde, saß er abgewandt am Fenster im Hintergrund des Raums, ein Block demonstrativer Feindseligkeit.

Man hatte die sechs Prüfungen à zwanzig Minuten für eineinhalb aufeinanderfolgende Tage angesetzt.

Die vier vorhergehenden Prüfungen waren sachlich gewesen, wenn auch von übertrieben akademischem Charakter, abgestellt auf »Stoff«, Lernfragen, Formulierungen anstatt Prüfung des Verständnisses. Das mag auf die Unsicherheit und mangelnde Erfahrung der Prüfer zurückzuführen gewesen sein. Eine Diskussion gab es nur in Anthropologie, einem speziellen Interessengebiet, wo sich die objektive Prüferin, Frau Fierz, davon so mitreißen ließ, daß sie meine theoretischen Neuformulierungen zuließ, die alle faszinierten. Nur in Psychiatrie hatte ich versagt – ein Fach, in dem nur minimalste Instruktion gegeben worden war. Aus Interesse – und möglicherweise aus Kompensation – habe ich nachher in der Praxis besondere Mühe auf Psychiatrie verwendet, in einer Anzahl von Kliniken und Anstalten famuliert; Diagnostik und alle zu jener Zeit angewandten psychiatrischen Mittel wie Elektro- und Insulinschock im Detail praktisch kennengelernt und damit ein psychiatrisches Wissen erworben, das beträchtlich über den Rahmen eines Psychotherapeuten hinausgeht.

Die fünfte Prüfung am zweiten Tag war in Jungscher Theorie, bekannt als mein stärkstes Fach. Als ich eintrat, saßen die zum ersten Mal vollständig versammelten Dozenten, nun auch Toni Wolf, schweigend, reglos, wie gebannt von der Figur im Hintergrund. Die Spannung war fast greifbar. Am Tisch gegenüber saß Doktor Jacobi, die Prüferin, und ihr sonst so bewegliches Gesicht war zu einer krampfhaft lächelnden Maske verzerrt, als sie fragte: »Was wissen Sie vom Animus?«

Das war keine psychologische Frage. Wie sie gefragt

war, verlangte sie Definition, Formulierung. Und dort hinten saß der Urheber dieses Begriffs in einer Ablehnung a priori der ihm Unbekannten, die nun dies sein Konzept schülerhaft ausführen sollte. Alles in mir sträubte sich gegen diese unwürdige Situation. Ich setzte einige Male an, brach ab. Der Widerspruch zwischen dem Jung, den ich erwartet hatte, und seiner Realität war zu groß; ich konnte ihn nicht bewältigen. Da ertönte in die atemlose Stille hinein aus dem Hintergrund Jungs Knurren: »Ja, sind Sie denn total verblödet?«

Diese Ungeheuerlichkeit brachte mich zu mir. Ich schaute auf, wandte mich direkt zu Jung hin und sagte: »In normaler menschlicher Sprache würde man sagen: Sie machen mich nervös.« Stand auf, sagte höflich »danke schön« und ging hinaus.

Im Zimmer, wo ich zwanzig Minuten bis zur Prüfung mit Jung zu warten hatte, stand ein Klavier. Ich setzte mich ans Klavier und spielte lächerlicherweise »Plaisir d'amour ne dure qu'un moment...«, das Barocklied aus der »French Scene«, vermutlich um meine Integrität zu bekräftigen, die Jung so rüde attackiert hatte. Die Situation war erschreckend klar: Jung war entschlossen, mich zu stören. Die erste Runde hatte er gewonnen. Es sollte nicht noch einmal gelingen. Nur mußte ich die Illusion aufgeben, Jung in der persönlichen Begegnung zu erreichen. Was ging es mich nun an, was er – ohne mich zu kennen – dachte? War es Jacobi angegangen, was die Gestapo bei ihrer Prüfung von ihr dachte?

In seinem Roman »Der Erwählte« beschreibt Thomas Mann die Fähigkeit des Grigorius, »sich innerlich ganz fest zusammenzunehmen«. Innerlich ganz fest zusammengenommen, betrat ich nach zwanzig Minuten wieder das

Zimmer, wo nun am Prüfungstisch schräg gegenüber Jung saß und, ohne mich anzuschauen, brummte: »Nennen Sie die Punkte der Traumtheorie.« Seiner.

Da begriff ich blitzartig Frau Jungs Zettel: Der nicht-publizierte dritte Punkt! Begriff, daß gegenüber nicht ein voreingenommenes Genie saß, sondern ein entschlossener Feind mit einem geplanten Trick; begriff in dem Moment das ganze Ausmaß einer Bosheit, die nicht davor zurück-schreckte, die eigene Theorie zum Trick zu entwürdigen. Und in kalter Verachtung rasselte ich die vier Punkte her-unter, die von Frau Jungs Zettel noch frisch im Gedächtnis waren.

Jung schien verblüfft. Zum ersten Mal kam eine Reak-tion aus der bisher reglosen Dozentenschar. So hatte noch niemand zu Jung gesprochen.

Ohne mich anzuschauen, knurrte er ein paar knappe, formale Fragen, die ich ebenso knapp und formal beant-wortete, manchmal schon, bevor Jung seine Frage been-det hatte. Es war ein scharfes Florettfechten. Dann war die Prüfung zu Ende. Sie hatte kaum mehr als zehn Minuten gedauert.

»Ich wäre vor Angst gestorben«, sagte am nächsten Tag der Leiter des Instituts, mein Kontrollanalytiker, Professor Meier. »Aber der Alte hat brummend zugeben müssen, daß Sie bei ihm bestanden haben.«

Bestanden bei Jung? Da war nichts zu bestehen gewe-sen. Das Bestehen hatte darin bestanden, daß ein Trick, an dem ich hätte scheitern sollen, durch einen Gegen-trick zum Scheitern gebracht worden war. Das also war der große Jung, der in genialer Schau die Konzepte des kollektiven Unbewußten, der Synchronität, das Streben der Psyche zum Geistigen und zur Vollständigkeit als Naturprozeß in die Welt gebracht hatte? Wie war solcher Geist mit so miserabler Realität zu vereinen? Jung konnte es sicherlich theoretisch erklären. Aber das schlimme war, daß dies seine menschliche Wirklichkeit war. Mir graute.

Das Institut betrat ich nicht mehr. Ein Einschreibebrief teilte mit, daß ich in zwei Fächern (davon eines »Theorie«!) die Prüfung nicht bestanden hätte, sie nachholen könnte, was im Falle eines dritten Fachs nicht möglich gewesen wäre – wegen »Unfähigkeit«. Ich habe nie darauf geantwortet. Nur bei Doktor Meier hatte ich einen großen Zornesausbruch und tobte: »Ihr ... Ihr ...«, was ungerecht war. Denn Warnungen hatte ich genügend erhalten, auch seine. Sprach aber sonst mit keinem der Dozenten, auch nicht mit der anrufenden Doktor Jacobi, mit keinem der Kollegen mehr – nur mit dem empörten alten Mac –, die in Verwirrung zurückblieben: »Wenn nicht einmal Sie ...« Einige reisten ab. Ich schlug die Tür unwiderruflich zu. Im Spiegel sah ich, daß während dieser Tage meine Haare auf der rechten Stirnseite weiß geworden waren. Seit damals färbte ich die Haare: Ich war noch zu jung, um einseitig weißhaarig zu sein.

Ein weiser Jude sagte nach dem Krieg: »Auschwitz werden uns die Deutschen nie vergeben.« Zürich vergab mir nicht die ungeglückte Vernichtung, die ein Triumvirat geplant hatte. Ich konnte nicht darüber sprechen. Mit wem? In mir war Vertrauen tödlich verletzt worden. Mir aber folgten vergiftende Denunziationen, heimlich, absichtsvoll den Boden wählend, auf dem solche Saat gedeihen konnte, wo eine Hand, verständnisvoll blinzelnd, die andere wäscht. Als ich nach einigen Jahren vom Kuratorium

eine Bestätigung meiner Kurse verlangte, wurde mir mitgeteilt, es könnte nur bestätigt werden, daß ich sie »ge-
zahlt« (sic), nicht aber, daß ich daran teilgenommen hätte:
Dies könnten nur die einzelnen Dozenten, – »sollten sie
sich erinnern«. Diese Mitteilung, daß ich nach Orwell-
schem Vorbild zur Unperson erklärt worden war, trug die
Unterschrift der jüdischen Sekretärin Aniela Jaffe. Ange-
bot und Nachfrage regelten den Handel.

Viele Jahre später sagte mir Professor C. A. Meier, den
auch inzwischen Jungs Bosheit getroffen hatte (ihn, der
inoffiziell als Jungs Nachfolger betrachtet worden war):
»1950 hatte ich noch nicht begriffen, daß man dagegen
sogar seine bürgerliche Existenz aufs Spiel setzen mußte.
Jung wurde in seinen letzten Jahren immer böser. Das erste Mal hat es sich an Ihnen manifestiert.«

So war es also vielleicht doch Begegnung gewesen mit
Jung – war Essenz angerührt worden? Nur nicht seine po-
sitive, wie erwartet, sondern die negative?

Ich hatte in Zürich in einen Abgrund geschaut und
darin »die Banalität des Bösen« erblickt – die Banalität
daran noch erschreckender als das Böse. Ich hatte dringend notwendigen Nachhilfeunterricht erhalten.

Doch, wie sich erwies, fehlten noch Lektionen, um die
zeitgenössische Welt zu begreifen. Es durfte kein Stein auf
dem anderen bleiben.

All dies hatte hier von Gloucester Place seinen Ausgang
genommen, zum Bösen, zum Guten. Heute sind sie alle
tot.

Inzwischen hatte es angefangen zu nieseln im Londoner
Oktober, aber es war nicht mehr weit bis zum Planetarium.

Die Vorstellung war enttäuschend. Schuld daran war meine falsche Erwartung: es war nicht die akustische Umsetzung von Sternspektren, sondern ein psychedelisches Spektakel.

DER ZWEITE SCHLAG

Ich bin kein Politiker – ich kann nur fragen: Wo
ist es besser geworden zwischen den Menschen?

*Martin Buber auf einer Tagung der Evangelischen
Akademie in Berlin 1956, befragt zum Berlin-Konflikt*

Frag doch deshalb den Egon«, riet Arthur, der alte Freund, und so rief ich Egon an, an den ich mich aus Londoner Zeiten nicht viel, aber gut aus der vorhergehenden Prager Emigration erinnerte als an den Archetypen des Journalisten; und unerwartet stieg aus dem rätselhaften inneren Computer die groteske Geschichte mit der Pferdesuppe herauf: Wie Egon in Prag für seine Zeitung eine Reportage über ein neueröffnetes Buffet für Pferdefleisch machte und dabei auf Drängen des Restaurateurs, etwas zu nehmen, eine »Weiße Suppe« bestellte, die ihm, wie »Weiße Suppen« es gewöhnlich sind, neutral erschien, und wie er nur knapp noch die Toilette erreichte, wo er sich übergab, nachdem er das Rezept erfahren hatte: Die »Weiße Suppe« war aus Pferdehirn.

Er klang am Telefon nach all dieser Zeit unverändert – hochbeschäftigt. »Komisch, vor ein paar Tagen haben wir mit Kurt von dir gesprochen! Ruf ihn doch an.« Mit welchem Kurt? »Mit Kurt Weinreich!« Kurt sei übrigens von Hilde geschieden, wieder verheiratet, hatte eine Tochter. Egon. Noch immer alle Informationen in einem Satz gebündelt.

Die Pferdesuppe hatte ich vergessen. Kurt und Hilde Weinreich hatte ich nicht vergessen; ich hatte nur nicht mehr an sie gedacht.

Sie gehörten zu den wenigen verbliebenen Bekannten der Londoner Emigration in den endvierziger Jahren, nachdem die meisten auf den Kontinent zurückgekehrt waren, und ich hatte öfter Abende bei ihnen verbracht. Mit ihren viel gehalteneren Temperamenten, ihrem viel ruhigerem Leben hatten sie an meinem regen Anteil genommen: An Erkenntnissen der Psychologie und Anthropologie, den Erwartungen an Zürich, dem Entsetzen über Zürich, dem Entschluß, nach Deutschland zu gehen. Hilde war von der strotzenden Hübschheit eines Bauernmädchens, im Gegensatz zu ihrer Herkunft und Bildung, Kurt groß und asthenisch wie ein Oxford-Scholar und von behutsamer Freundlichkeit. Aber mit London hatte ich auch die Weinreichs hinter mir gelassen.

Kurt sei nicht da, würde aber bald kommen, sagte seine Frau, als ich anrief. Ich sagte, ich sei die und die, und gab meine Telefonnummer, ohne zu ahnen, welche Überraschung der Anruf Kurt bereitet hatte, als er eine Weile später zurücktelefonierte und wir für einen der nächsten Abende einen Besuch bei ihnen festmachten. Kurt lachte, als ich sagte, dann würde ich ja auch seine neue Frau kennenlernen: Sie hatten schon die silberne Hochzeit hinter sich. Wieder hatte ich vergessen, wieviel Zeit vergangen war.

Kurt wartete an der U-Bahnstation, und wir gingen ohne Zögern aufeinander zu, wie es ebenso einige Tage vorher mit Eda, mit Eduard Goldstücker geschehen war auf dem Bahnsteig von Brighton, als wir uns über die Jahrzehnte dazwischen schon aus der Entfernung zuwinkten und Eda nachher sagte: »Wir hatten keine Zeit, alt zu werden.«

Ihre Wohnung war in einer schneeweißen viktorianischen Villa und wie außerhalb der Welt, abgeschirmt, harmonisch, ruhig, Susi von introvertierter Selbstverständlichkeit. Sie machte in der Küche das Nachtmahl, Kurt und ich saßen uns in Fauteuils gegenüber, jeder mit einem Glas Sherry, und Kurt schüttelte weiter verwundert den Kopf »Ich hatte ja immer erwartet, daß du eines Tages auftauchen würdest«, sagte er. »Aber es ist noch gar nicht lange her, daß ich dachte: Jetzt schon nicht mehr. Und auf einmal rufst du an.«

Mein Anruf sei das erste Lebenszeichen gewesen nach dem Brief damals vor fast dreißig Jahren, sagte er, aus Ost-Berlin – deprimiert, degoutiert. Ich erinnerte mich nicht mehr an meinen Brief.

»Bist du trotzdem dortgeblieben?«

»Ich wurde nach zwei Monaten ausgewiesen.«

»Ausgewiesen? Warum?«

»So.« Es war kaum mehr darüber zu sagen, jetzt. Es lag zwei Leben zurück. Aber für Kurt war es eben erst zum Ereignis geworden. Und er erinnerte sich an alles. »Das? Nach dem Erlebnis mit Jung dann dieses? Zwei solche Erfahrungen? Zwei solche Schläge, einer nach dem anderen?« Und mit unverdienter Anteilnahme: »Was hast du gemacht? Wie hast du das alles durchstehen können?«

Ich war berührt, daß Kurt, an den ich nicht mehr gedacht hatte, das fragte. Kurt war der erste, er war der einzige, der es je gefragt hatte.

Und dabei wußte er nichts von dem dritten Schlag.

Ein Hauptgrund, nach Ost-Berlin zu gehen, war die Voraussetzung, daß B. mich erreichte, wenn mein Buch *Perlmutterfarbe* auf polnisch erschiene. Mit dem Entzug der Aufenthaltsgenehmigung in Ost-Berlin aber war auch die polnische Übersetzung storniert worden. Als wir uns in London so katastrophal trennten, hatten wir die Entscheidung, ob er zu mir oder ich zu ihm kommen würde, auf später verschoben. Nun waren wir füreinander unauffindbar.

Welcher der drei Schläge der schlimmste war, ist nicht zu sagen; jeder betraf einen vitalen Teil meines Lebens.

Das Durchstehen spielte sich auf zwei Ebenen ab, die miteinander nichts zu tun hatten. Auf der existentiellen herrschte undurchdringliches Tohuwabohu wie in einem wüsten Traum, aus dem man erwachen mußte. Auf der aktuellen stand unerbittlich die Forderung des alltäglichen Lebens: ein rechtmäßiges Bett zu finden, einen Ort für das Gepäck, einen Platz, wo man die Tür hinter sich zumachen konnte. Gedanken an Zukunft, Gesundheit – diese hatte in London, dann Ost-Berlin eingehende, noch nicht abgeschlossene Untersuchungen nötig gemacht und nach einer Weile eine Operation in West-Berlin – spielten zu jener Zeit keine Rolle. Meine nachmalige Wirtin, die ergebene Trinkerin, erzählte später, daß sie in den ersten Wochen oft besorgt morgens an meiner Schlafzimmertür gehorcht hätte, ob ich noch lebte.

Der eigene Platz. In einem geographisch so herumgewirbelten Leben, in Prag, in London, war er der Anker in der Entwurzelung, selbst wenn er, immer auf wunderbare Weise zustande gekommen, nur mit einer alten Couch, mit Orangenkisten und Rupfen möbliert war; kein Boardinghouse, kein geschmackloses fremdes Möbelstück, keine falsche Farbe. Autark. Am Grunde irrlichterte seit jeher ein seßhaftes Wunschbild, in einem Bergdorf zu Hause zu sein, wo das Leben von Anfang bis zum Tod verbindlich war und wo es im Winter manchmal so schneite, daß es abgeschnitten war von der übrigen Welt. Paradoxerweise verwirklichte es sich Jahrzehnte später in Jerusalem, oben in den Judäischen Bergen: In einem meiner ersten Winter dort fiel, fehl am Platz, so viel

Schnee, daß Jerusalem von der Ebene abgeschnitten war. Wenn Gott will, schießt eben ein Besen, so daß selbst Jerusalem in den Subtropen zum Symbol des verschneiten Bergdorfs wird.

Damals im November 1950 war West-Berlin das Symbol für äußerste Unbehaustheit. In der ersten möblierten Wohnung in Wilmersdorf, die ein Vermittlungsbüro anbot, mietete ich zwei Zimmer – das dritte bewohnte die Inhaberin mit ihrem Dackel, eine intelligente, rothaarige Witwe, die dezent trank. In der Wohnung war es warm, ich war unbehelligt, schlief zuerst ein paar Tage durch. Das war der erste, fast automatische Schritt.

Nicht für einen Augenblick wurde die scheinbar nächstliegende Lösung – nach London zurückzukehren – erwogen. Sie war zwar naheliegend, aber ohne Sinn und wäre panische Flucht gewesen. Einen bewußten Schritt kann man nicht zurücknehmen. Ich hatte England dankend verlassen als einen Bereich mit fremder Wellenlänge.

Wenn man stürzt, bleibt man vernünftigerweise zuerst liegen. Ich hatte zu viele von Schlägen aller Art betroffene Menschen gesehen, deren Weichen sich sofort stellten und deren Leben fortan aus passiver Resignation oder nicht zu stillender Rebellion bestand, Menschen, die wie Marionetten auf den Schock programmiert verblieben. Ich wollte nicht blindlings und klagend die Weichen stellen. Was geschehen war, hier und in Zürich, betraf Grundsätzliches, und es war eine Pflicht, es nicht nur emotionell zu erledigen.

Emotionell war in beiden Fällen die innere Abtrennung geschehen von einer Schicksalsgemeinschaft in der Emigration, unwiderruflich und durch keine eventuellen Einlenkungsversuche oder Kompromisse je zu ändern. Denn »what's done is done and cannot be undone«.

Etwas anderes aber war die sachliche Überprüfung der Inhalte, jenseits der persönlichen, möglicherweise nicht typischen Erfahrung. Ich habe nie eine Idee, eine Leistung einer Person nach der Einstellung mir gegenüber, ob positiv oder negativ, beurteilt und war immer erstaunt zu finden, daß solche Objektivität nicht üblich war, sondern üblich eher die paranoide Erwartung, daß Gleiches mit Gleichem beantwortet würde. Aber man wird nicht freiwillig zum Wolf unter Wölfen. Der Preis für diesen Verzicht schien mir nicht zu hoch. Oder war er es doch? Es gibt einen jüdischen Witz, wo die Hausfrau den unwilligen Gast ermuntert: »Essen Sie nur – man wird *doch* sagen, Sie haben hier gegessen!«

Ich hatte damals noch keine Spur gefunden, wo meine Mutter und mein Stiefvater zugrunde gegangen waren. Das ehemalige Wohnhaus im Tiergarten, wo sie 1942 abgeholt wurden – noch als bürgerliche Individuen in ihren bürgerlichen Kleidern –, der letzte vertraute Punkt, auf den sie beim Abtransport geschaut hatten, war eine Ruine. Der ganze menschenleere Siegmundshof war eine Ruine. Dort oben in der Luft, wo eine Zacke der eingestürzten Brandmauer wie ein Zeigefinger mein ehemaliges Zimmer markierte, hatten wir die Nachricht vom Reichstagsbrand gehört, zusammen mit Erika und ihrem deutschnationalen Freund, dem anständigen Werner. Dort oben hatte Senja strahlend die Geburt seines außerehelichen Sohns mitgeteilt, bevor er nach Palästina auswanderte, und dort hatte der verehrende lispelnde Bote vom Deutschlandsender, der meine Manuskripte holte, zum ersten Mal offen ein Nazi-Parteiabzeichen getragen. Dort

hatte Georg Lukács mit seiner kleinen farblosen Frau und
der kleinen farblosen Schwägerin Tee getrunken, als Becher spottend seine Vision von Hitlers Ende zum besten
gab, *ad hoc* erfunden für eine Dame, die erwartete, daß
Dichter Visionäre seien, daß eines Tages in Hitlers Zimmer mit Gepolter die Jalousie herunterfallen würde, alles verdunkelnd. Das wäre wie ein Symbol: Hitler würde
verrückt, kröche auf allen vieren im Kreis herum und bildete sich ein, er sei ein Jude und verfolge sich selbst: Dort
oben, wo jetzt Luft war, hatte ich mich kurz entschlossen verabschiedet von zu Hause und war mit zehn Mark
in der Tasche unbegreiflich mutig nach Prag in die Emigration gefahren, durch meine kommunistischen Schriftstellerfreunde für das Kommende hellhöriger gemacht als
die meisten Juden in Deutschland. Mein Stiefvater saß bei
seinem Johannisbeerwein und sagte beruhigend: »Die Demokratie marschiert!«, und meine Mutter wußte nicht,
was zu denken. Die Bilder standen oben im leeren Raum,
zwischen den Trümmern, gegen den Himmel wie an den
Ort gebannt, als wäre nichts weitergegangen mit all den
Akteuren. Vielleicht kommt so Geisterspuk zustande. Ich
warf, etwas geniert, den Buschen Flieder in die reglosen
Trümmer, von denen der Wind längst allen Staub weggeblasen hatte. In meinem Kindheits-Wien war es immer ein Lotteriespiel gewesen, ob zum Geburtstag meiner
Mutter am 5. Mai der doppelte Flieder im Wiener Saarpark schon blühen würde, nach dem es dann in Döbling
duftete. Mein am 5. Mai 1951 in Berlin gekaufter Treibhausflieder war blaß, bizarr, lächerlich in den Trümmern,
unreal. Real war der Spuk.

Beim Auspacken in der Laubenheimer Straße in West-Berlin fand ich in einer Kostümjacke die Visitenkarte eines Bekannten in London mit seiner Einführung zu einem Freund in West-Berlin. Ich hatte sie damals anscheinend gedankenlos eingesteckt. Nun sah ich, daß der Freund der Kulturoffizier in der amerikanischen Militärverwaltung war. Ich warf sie weg.

War das unverzeihlicher Luxus? War es Hochmut, selbst in dieser Lage noch Beziehungen zu verachten wie überall seit jeher, wo Beziehungen auf allen Seiten weit entscheidender waren als jede Leistung? War ich ein Don Quichote oder das Sterntalerkind, das nichts anficht, selbst wenn ihm schließlich nur noch sein Hemd blieb? Ich wollte auch hier keine Godfathers haben, unter welcher Flagge auch immer. Im Osten hatte ich auch nicht den Kulturminister angesprochen.

Wie diese Aufgabe zu bewältigen, wußte ich nicht, denn ich war leer, hilflos und vor allem allein. So schwieg ich, an dem ungewissen Punkt jenseits Vergangenheit und Zukunft, mit Aufregung, Sorge, Empörung, Schmerz, der, wie jeder wirkliche Schmerz, nur mit dem Kopf erinnerbar ist, aber nicht nachvollziehbar. Für Anklagen gab es nirgends qualifizierte Empfänger. Man hatte nur sich selbst.

Das kam einmal zur Sprache, Jahre danach, mit Martin Buber. 1959 hatte ich ihn, damals noch als Touristin in Jerusalem, besucht, um meinen Dank abzustatten für die chassidischen Geschichten, die er formuliert und in seinem Buch übermittelt hatte – und damit, als es am dringendsten war, ein Menschenbild, das sich bei Jung trotz allem Genie als katastrophal fehlend erwies – theoretisch wie tatsächlich. Die kurzen präzisen Geschichten hatten,

als ich sie gelesen hatte, die Grundlage meiner Psychotherapie gebildet, denn sie enthielten, schien mir, alles: Neben Jung, Adler, Freud das Entscheidende darüber hinaus. Zumindest im Prinzip. Denn der realen chassidischen
Wirklichkeit war es ergangen wie anderen Verwirklichun-
gen.

Der alte Buber, bei meinem ersten Besuch in Jerusalem, um ihm dafür zu danken, saß hinter seinem Schreib-
tisch wie hinter einer Mauer und schien kaum hinzuhö-
ren, und ich wollte mich schon verabschieden, »mission
accomplished«, da er sich so deutlich abschirmte, über-
laufen von idolisierenden Besuchern aus der ganzen Welt.
Da, anscheinend von irgendeinem Wort interessiert, fragte
Buber unvermittelt etwas, und ich antwortete, kurz und
zurückhaltend, aber er wollte auf einmal mehr und mehr
wissen, äußerte schließlich etwas sehr Einsichtiges, und ich
sagte überrascht: »Das ist richtig, ganz richtig!«, und, da
sich mein Erstaunen nicht erschöpft hatte, weiter »Wissen Sie, es ist ganz richtig, was Sie da sagen, ganz richtig!«, und ich fing plötzlich an zu lachen: »Da sag ich dem
Buber, daß er was G'scheites gesagt hat!«

Buber schaute auf, als traute er seinen Ohren nicht;
sah mich groß durch seine dicken Brillengläser an, zögerte und begann dann mitzulachen, lachte, wie befreit aus
der Isolation eines Monuments; richtete sich auf in seiner
ganzen imposanten Kleinheit, breitete weit die Arme aus,
drückte mich an sein Herz und öffnete mir seine große
Freundschaft. Sie währte bis zu seinem Tode, mit weit aus-
gebreiteten Armen, wann immer wir zusammentrafen.

Einmal saßen wir auf der Terrasse seines Schweizer Sa-
natoriums mit dem Blick auf die Jungfrau, als ich ihn
dort, noch von Berlin aus, besuchte, tranken einen Es-

presso, den er mit weltmännischer Nonchalance bestellt hatte, und sprachen ein paar Stunden von Gott und der Welt, als Buber auf einmal fragte: »Was, denken Sie, ist Angst? Freud sagt, daß sie auf schlimme Kindheitserlebnisse zurückgeht. Ich glaube das nicht. Ich kenne nämlich nicht Angst, und dabei hatte ich eine schlimme Kindheit.«

Ich wußte, worauf er anspielte. In seinem späten kleinen Buch *Begegnungen* –, eine Sammlung autobiographischer essentieller Momente – er hatte mir beim Abschied 1964 ein Exemplar mit der Widmung vorbereitet: »Aufs Wiederbegegnen« –, beschreibt er auch die Begegnung, die, tragisch verfehlt, zur »Ver-Gegnung« (so nennt er es) wurde, mit seiner schönen Mutter. Sie hatte das siebenjährige Kind verlassen, um mit einem Mann fortzugehen, und Buber wuchs bei seinen Großeltern auf.

Buber, der weise alte Mann, fragte mich, was Angst sei; er, der natürlich alles kannte, was je zu diesem Thema gedacht und geschrieben worden war – was konnte ich hinzufügen? Aber da er *meine* Antwort forderte, horchte ich in mich hinein, sagte dann: »Ich glaube, Angst ist *not to belong.*«

Buber schwieg, überlegte, wiederholte langsam *»not to belong«*. Sagte dann: »Ja – das kann es sein – *not to belong.*« Damit nahm er meine Psychologie an; der, wie ich wußte, der modernen Tiefenpsychologie ethisch mißtraute. Er erkundigte sich nach der Art meiner Patienten, ihren Problemen, fragte schließlich, wie lange Behandlungen dauerten. Als Antwort erzählte ich ihm:

Vor einigen Jahren hätte ein Arzt in Berlin einen dreißigjährigen Mann zu mir geschickt, einen ambitiösen Kunstmanager, doch sensitiv und intelligent, und ich glaubte im ersten Gespräch zu erkennen – natürlich, ohne es merken zu lassen –, wie fundamental gestört er war; daß er aber das entscheidende Potential hatte zur fundamentalen Auseinandersetzung. Er sagte, er könnte sich zwei, drei Monate auf die Behandlung konzentrieren, aber nicht mehr, denn er sei überaus beschäftigt und viel im Ausland; wie lange also würde der Prozeß dauern? Ich hatte gelächelt, erzählte ich, und gesagt: »Bis Sie siebzig sind.«

Buber hatte intensiv zugehört, aber er lächelte nicht mit mir; er fragte streng: »Wieso nur bis siebzig?«, und ich begriff schlagartig, daß mir ein 78jähriger gegenübersaß, der mir zubilligte, daß hier nicht von Komplexen oder Anpassung die Rede war, nicht von Psychologie, wie sie an den Universitäten gelehrt wird, der Soziologie zugeordnet, sondern von einem Prozeß, der das ganze Leben geht und nicht nur »bis siebzig«, und mein humoriges Lächeln erlosch. Buber hatte mich mit *einer* Frage zur Besinnung gebracht, und ich sagte nun nur, daß jemandem, der dreißig ist, die Spanne bis siebzig wie das ganze Leben erscheint. Ich war verblüfft, als Buber später sagte, ich sei einer seiner nahen Menschen geworden: Er, der sein ganzes Leben mit Gott beschäftigt gewesen sei, der für mich nie Realität gehabt hätte? Ich hätte immer nur, wenn ich wußte, was zu tun oder nicht zu tun, es getan oder gelassen, ohne zu berechnen, ob es mir nützte oder schadete. Und da erwiderte Buber, das sei ja das Äußerste, was man von Gott wissen könnte. »Alles andere ist Götzendienst.«

Solche Identifizierung von Gott war mir begreiflich, weil erlebt. Die Vorstellung eines wissenden, sorgenden, schützenden Vaters hatte es nie gegeben. Sie war mir schon als Kind unbekannt. Ich erinnerte nur einen sporadisch anwesenden Soldaten, dann einen Kranken außer Haus, der schließlich still starb; aber keinen beim lebensbedrohenden Typhus, bei plötzlicher Nachkriegs-Armut, die verdeckt gemeistert werden mußte, ohne je etwas zu verlangen, oder beim verzweifelten Suchen nach Lebenssinn. Man war allein auf sich gestellt, auf sich selber. Da war nur eine unvertraute überforderte Mutter, aber ein Vater war so wenig existent, daß man nicht einmal sein Fehlen wahrnahm und man selbst andere nicht um einen beneidete, wenn man ungeschützt war. Doch da war etwas, das klar ja und nein sagte, jenseits von Belohnung und Strafe und Beweis: Ich war nicht verloren.

In jenen ersten Tagen in West-Berlin, noch ohne Ahnung, wie es weiterginge, ging ich die menschenleere Kantstraße entlang. Es war ein grauer, nasser Novembertag, und ich fror an Leib und Seele. Im Vorübergehen sah ich in einem trüb erleuchteten Partiewaren-Geschäft an einer Stange eine Serie brauner Pelzmäntel aus Hasenfell hängen. An meiner Situation konnte ich nichts ändern, doch in meiner Hand lag es, sofort nicht mehr zu frieren; und so ging ich in das Geschäft und kaufte ohne viel Probieren von meinen Ostmark einen Mantel: Mir war warm.

1951, ins jetzt unbekannte West-Berlin gewirbelt, wußte ich nur, was nicht zu tun, tat also, ohne zu zögern, immer nur den nächsten Schritt. Ließ jedem Tag seine Plage, seine eigene schwere Plage. Um den zerstörerischen Kräften der Epoche standzuhalten, mußte ich zum Baum in Kensington Gardens werden.

Wir hatten zu dritt ein kultiviertes Nachtmahl mit einer Flasche Wein, plauderten angenehm, und Susi und Kurt brachten mich gemeinsam zur Untergrundbahn. Wir würden uns vermutlich in Zukunft Glückwünsche zu den Feiertagen schicken.

MITZI

»Aber freilich ist in unsrer blutig entzwei-
geschlagenen Welt des Mißverstehens,
Schnüffelns, Verdächtigens und Denunzierens
kein Absehen. Und so werde auch ich nicht
Ruhe haben bis zum Ende meiner Tage.«

Thomas Mann

Nach einem Tag anstrengenden Suchens in den eleganten Warenhäusern von Knightsbridge nach einem Harristweed-Swagger – bestimmte »typisch englische« Sachen schien es nicht mehr zu geben – fiel mir in meinem Hotelzimmer Mitzi ein, die ich noch aus meiner Kindheit im Döblinger Saarpark her kannte. Ich hatte sie in der Londoner Emigration wiedergetroffen, verheiratet mit einem halb-intellektuellen Mann, der sich als Vertreter plagte; ein braves Ehepaar mit einem späten Baby. Ich schaute im Telefonbuch nach, fand die Nummer, rief an. Wunder über Wunder: Mitzi meldete sich. Sie schien gar nicht verwundert, daß ich es war. Ihre Naivität verwischte solche Nuancen. Sie plauderte gleich los: Richard sei vor drei Jahren gestorben (so, als wäre eine Buslinie eingestellt worden), gleich würde die Tochter kommen und das Enkelkind bringen, sie machte Babysitting, das Kind sei so süß, wirklich, ich könnte mir gar nicht vorstellen wie süß; alles ohne Punkt und Komma, unverändert, und als hätten wir vorgestern zum letzten Mal miteinander gesprochen. Dann fragte Mitzi: »Du wohnst also in Ost-Berlin?«

Für Mitzi war, was mich betraf, die Zeit natürlich vor siebenundzwanzig Jahren stehengeblieben: Damals, als ich von London nach Ost-Berlin gegangen war.

In London hatte ich nie bleiben, nicht um britische Staatsbürgerschaft ansuchen wollen. Es wäre wie eine resignierende Vernunftheirat gewesen. Prag, später Rom, Jerusalem hatten beim ersten Anblick die Seele ergriffen – London nicht. Ich hatte es verlassen ohne Emotionen,

ohne später mehr als lebenschronologisch daran zurück-
zudenken, ohne auch nur einmal davon zu träumen. Ich
dachte damals flüchtig an das neu entstandene Israel, ohne
viel davon zu wissen, schrieb 1950 an »Jewish Relief Ab-
road«, bekam keine Antwort. Wohin sollte ich?

Prag, das so sehr zur Heimat geworden war in fünf
reichen Jahren, auf das man so lange hinlebte, war mit
den Entwicklungen dort nicht mehr zu erwägen. Dieser Verlust einer vergangenen Zukunft war ein schmerz-
licher stiller Tod gewesen. Aber viele meiner Bekannten
und Freunde aus der Prager, der Londoner Emigration,
ja selbst noch aus der Berliner Zeit vor Hitler waren nun
in Berlin. Dorthin hatte Jan Petersen, als er 1946 zurück-
kehrte, kameradschaftlich die Manuskripte meiner Bücher
für »Kinder von zehn bis siebzig Jahre«, *Perlmutterfarbe* und
Wiener Exemplare von *Basilius Knox* etc. mitgenommen,
bald darauf Verträge geschickt von Verlagen in dem Teil,
der danach die DDR wurde.

Jan Petersen kannte ich, als er noch Hans Schwalm hieß,
aus der Vor-Hitler-Zeit in Berlin als einen der jungen
Leute um Johannes R. Becher, als wir gemeinsam Anti-
Hitler-Verse schrieben, mit Spielzeugbuchstaben auf Kle-
bezettel druckten, sie heimlich an Häuserwände klebten.
In London hatte ich ihn wiedergetroffen, zum Schreiben
ermutigt, oft mit ihm seine immerwährenden Ehepro-
bleme besprochen. Wie es nun eine »politische« Atmosphäre dazu bringen konnte, selbst solch alte Kamerad-
schaft zu verleugnen – wenn auch nur für einen Moment,
aber dem kritischen, was für mich alles vorherige aus-
löschte –, habe ich an dem einst tapferen Jan erlebt. Doch
war das eine alltäglich gewordene Erscheinung auf jeder
Seite der Welt, die Kleinheit in Menschen ermutigte. An-

dererseits aber manifestierte sich in eben jener Epoche auf der anderen Seite der Welt auch spontane Größe, als bedürfte es katastrophaler Situationen, um sie in Menschen wachzurufen.

Nie werde ich Josef vergessen, den schlauen tschechischen Grenzgänger, der nach der Besetzung der Tschechoslowakei Flüchtlinge über die polnische Grenze schmuggelte und der nachher auf eigene Faust mein Manuskript, dort deponiert, aus der französischen Botschaft in Prag holte und mir nach Kattowitz brachte, obgleich er wußte, daß ich nichts besaß, um ihn dafür zu belohnen. Es hätte ihm gefallen, daß ich beim Grenzübergang nur darüber geklagt hätte – als über den einzigen Verlust –, daß das Manuskript verloren sei.

Dieses Manuskript war eines der beiden, für das Jan Petersen nach dem Kriege in Berlin Verträge tätigte; es wurde ein Bestseller und, statistisch festgestellt, zum meistausgeliehenen Buch in Bibliotheken der Jahre 1947 bis 1950, als ich binnen 24 Stunden aus der DDR ausgewiesen wurde.

Zu Weihnachten 1949 war ich dort zu Besuch gewesen. In Berlin, wo inzwischen nach Wien und Zürich damals auch das zweite Buch erschienen war, lagen eine Menge Tantiemen, die nicht in andere Währung überwiesen wurden. Viele einstmalige Freunde hatten zu einem Besuch eingeladen.

Wie notwendig ist es dem Menschen, über lange Zeit gekannt zu sein, die Freundschaften immer wieder durch Begegnungen zu erneuern und weiterzuentwickeln. Aber keine Intimität ersetzt die Besonderheit des Sich-lange-Kennens, besonders wenn man wie ich von Ort zu Ort getrieben wurde. In Ost-Berlin gab es viele alte Bekannte –

Schriftsteller, Schauspieler, Musiker, Ärzte – aus den verschiedensten Lebensepochen und Lebenssituationen. Die Aussicht auf Vertrautheit nach so viel Fremdheit führte dazu, daß ich Weihnachten 1949 zu Schauspielerfreunden dorthin fuhr.

Während des Aufenthalts wurde ich wider Willen in eine psychologische Behandlung hineingezogen. Denn nicht nur war mein Besuch wie auch meine Erfahrung begrenzt, sondern die Prognose für die Patientin schlecht. Elektroschocks in West- wie Ost-Berliner Kliniken waren erfolglos geblieben, und auch Behandlungen durch die wenigen verfügbaren Analytiker in West-Berlin hatten keine Besserung bewirkt. Aber da ich sozusagen »der letzte Strohhalm« in ihrer Umgebung war, konnte ich nicht verweigern, die Patientin wenigstens zu sehen.

Wie schon wenige Monate vorher im Londoner Bethlem Hospital in ähnlichem Fall ereignete es sich, daß nach der ersten Sitzung die nicht mehr junge Frau spontan aus ihrem absenten Zustand aufgetaucht war, die somatischen Beschwerden geschwunden und nach vier weiteren in gesichertem psychischen Zustand zurückblieb. Sie war aus prominenten Intellektuellen-Kreisen, und als durch ihre Erzählungen der Vorgang bekannt wurde, drängte man noch mehr auf mein Kommen. Ich verstand sie gut, die geistigen Konflikte dort. Die DEFA schickte einen Kontrakt zur Verfilmung von *Perlmutterfarbe,* stellte Wolfgang Staudte als Regisseur in Aussicht. Ich kam Ende 1950.

Vor allem aber kam ich, weil ein polnischer Verlag einen Buchvertrag gemacht hatte. Mein Buch würde in Polen erscheinen, B. würde mich auffinden können.

Es gab, wie gesagt, in Ost-Berlin viele Freunde und Bekannte – Schriftsteller, Schauspieler, Musiker, Ärzte – aus den verschiedensten Lebensepochen: solche, die ich als Zwanzigjährige zum letzten Mal in Berlin gesehen hatte, wie Bertha Waterstraat, andere aus der Prager Zeit, dazu die von vor kurzer Zeit aus London. In Berlin kam nun alles zusammen, neues dazu. Wieviel dokumentiertes Leben, wieviel Bekanntheit nach so viel Fremdheit!

Man ist für andere, wer man ist, wenn man sich kennenlernt. Noch nach zwanzig Jahren sagte mein Vetter Heini, der mich 1933 in Prag kennengelernt hatte, »du bist doch ein junges Mädel«. Als eine alte Berlinerin nach fast fünfzig Jahren Amerika in Israel ihre einstigen Blau-Weiß-Mädchen wiedertraf, die damals drei Jahre jünger gewesen waren als sie, war sie weiter, wieder »die Jugendführerin«, die fast siebzigjährigen Frauen weiter, wieder »die Mädels«. Alte Beziehungen widerstehen neuer Realität.

Die neue, veränderte Realität aber wurde blitzartig deutlich, als ich eines Abends mit einer reizenden jungen Schauspielerin im Restaurant des Deutschen Theaters saß und der viel ältere John Heartfield sich mit herzlicher Begrüßung an den Tisch setzte. Wir hatten uns seit Prag, also vor dem Zweiten Weltkrieg, nicht mehr gesehen.

Heartfield, allgemein liebevoll Johnny genannt, genial, manchmal hysterisch tobend, zart und klein wie eine Frühgeburt aussehend, war ein kindlich naiver Mensch von großer Reinheit und Güte. Ich durfte mir zuschreiben, in Prag aus einer deutschen Illustrierten das Foto eines mittelalterlichen Steinreliefs, das einen aufs Rad geflochtenen Menschen darstellte, herausgerissen und Johnny für eine Fotomontage gegeben zu haben, da es sich anbot, das Rad zu einem Hakenkreuz zu machen; es wurde eine seiner berühmten Arbeiten. Als wir uns nun unterhielten, sagte die junge Antje verwundert: »Wie ihr so miteinander seid, – das kennen wir gar nicht.« Was Antje wie mit Heimweh bemerkte, war der Bedeutungswandel menschlicher Beziehung in der neuen Realität. Wir waren aus einer anderen Welt, einer geschwundenen Ära.

Es gab aber auch andere Wiederbegegnungen. So mit einem alten Bekannten aus dem früheren Berlin, 1929 aus der Piscatorschule, Slatan Dudow, dem Regisseur des ersten Brecht-Films *Kuhle Wampe,* der ein besinnlicher, fast bäurischer Mensch gewesen war, wie es oft Bulgaren herzerwärmend sind. Wir hatten uns im Künstlerclub überraschend wiedergetroffen, tranken Kaffee, sprachen von der Welt, aber als ich sagte: ». . . die westlichen Demokratien . . .«, fuhr er auf: »Was sagst du? Demokratien? Imperialisten . . .« Dasselbe, nur mit umgekehrten Vorzeichen, erlebte ich kurz danach mit einem guten deutschen Freund aus der Vor-Hitler-Zeit, der jetzt für den RIAS nichts Politisches schrieb, diesmal in West-Berlin, als ich sagte: ». . . die DDR . . .«. Beiden Seiten war ich nicht geheuer.

Becher hatte ich bei meinem ersten Besuch wiedergetroffen, in Berlin Weihnachten 1948, wie er vor dem Künstlerklub an seinem großen Wagen hantierte. Ich erinnerte mich an sein kleines weinrotes Auto 1932 in Berlin: um es zu starten, hatte man an einer Drahtschlinge ziehen müssen, die, wo das Armaturenbrett einmal gewesen war, herausragte, und es konnte nur im weiten Winkel um die Ecke fahren, was Umwege und gute Ortskenntnisse nötig machte. In welcher Atmosphäre jenseits der sonst umgebenden Wirklichkeit waren wir damals! Welche todernsten Versteckspiele man spielt, wenn man jung ist, wenn beide erschreckt eine große Beziehung wittern. Aus einer anderen Welt dann nur noch per Post »Dich zu vergessen bin ich oft bemüht ...« und »Ich bin beruhigt, daß du da bist, du wirst nicht still in mir, gibst keine Ruh, du lebst in mir, als wärst du ein Gewissen ...«, dann jedoch zwei mörderisch brutale Zeilen. Seit Berlin, seit Prag waren fünfzehn Jahre vergangen, und nun standen wir uns plötzlich gegenüber. »Hallo, Hans«, sagte ich, und er stotterte, bewegt, was mich rührte, aber er faßte sich schnell, »... wo bist du, was machst du zu Weihnachten, ich habe ein Haus am Stölpchensee, ich habe zwei Wagen und eine Yacht ...« Gelegentlich hatte ich verwundert in Zeitschriften seine seitenlangen Gedichte aus Rußland zum Krieg, zur Situation, angelesen – sie schienen nicht mehr von einem Dichter geschrieben. Unvermeidlich kosten Wege Substanz. Jetzt war er der Kulturminister, und ich sagte ausweichend, ich würde mit alten früheren Schriftstellerkollegen wie Jan Petersen Weihnachten in einem Schriftstellerklub verbringen (wo ich dann zu Silvester, dicht umringt, für sie Blei goß). Es war die höfliche Abgrenzung zur Vergangenheit, da war niemand mehr. Ich habe ihn nicht wiedergesehen. Doch ein paar Jahre später erwachte ich, plötzlich hellwach, mitten in der Nacht; erfuhr am nächsten Tag aus dem Radio, daß um diese Zeit Johannes R. Becher gestorben war.

Nach meiner Ankunft in Ost-Berlin mietete ich zwei Zimmer in einer Wohnung und schrieb an dem Filmmanuskript, lehnte dankend Positionen in Verlagen, bei der DEFA ab. Es wurde angedeutet, daß ich für den Nationalpreis in Literatur vorgeschlagen sei, ich ließ ebenso diskret ersuchen, davon abzusehen. Nicht aus Bescheidenheit: Ich scheute verbrieften Erfolg, öffentliche Ehrung durch Instanzen, die nicht den Ursprung einer Leistung verstanden, sie nicht eigentlich meinten; Ehrung, die verpflichtete. Wieso wunderte ich mich eigentlich über das Kommende? Ich trat weiterhin – außer dem Schriftstellerverband – auch hier keiner Organisation bei, selbst nicht dem »Verband der Verfolgten des Naziregimes« als »rassisch Verfolgte«, was stutzig machte. Ich war nie und nirgends »one of the boys«. Ich bestand darauf, nie und nirgends »one of the boys« zu sein.

Denn jenseits des Kreises vertrauter Künstlerfreunde, befremdete Ost-Berlin. Die starren Eigenschaften, die man in der Emigration für persönliche Charakterzüge deutscher Kommunisten hätte halten können, erschienen hier mehr und mehr als Staatshaltung, die das öffentliche Leben beherrschten.

Nach zwei Monaten war ich zur Fremdenpolizei vorgeladen worden, die mir die Aufenthaltsbewilligung – ich war ja Österreicherin – gegeben hatte.

Die Beamten der Fremdenpolizei waren mir von Anfang an mit persönlicher Sympathie entgegengekommen. Deshalb fiel mir die Grabesstimmung auf, in der man mich behutsam zum Abteilungsleiter führte, der auf mich zukam wie jemand, der kondolieren will und nicht weiß wie. »Verstehen Sie, daß ich nur das unglückselige letzte Glied der Kette bin«, begann er, daß er eine schlimme Pflicht zu erfüllen hätte. Seine Verlegenheit war peinlich, ich drängte ihn zu sagen, worum es ginge. Er müsse meine Aufenthaltsbewilligung zurückverlangen und mich bitten (bitten, sagte er und holte tief Atem), »die DDR binnen vierundzwanzig Stunden zu verlassen«.

Ich war nicht mehr vor den Kopf geschlagen als die Polizeioffiziere, die mich jetzt umringten. »Wir verstehen das Ganze nicht.« Der Abteilungsleiter nahm meine Hand: »Wir protestieren gegen Ihre Ausweisung. Wir haben deshalb eine Sitzung einberufen. Kommen Sie bitte am Nachmittag wieder.«

Meine Ausweisung hatte sich in Windeseile herumgesprochen. Überall herrschte Aufregung. Mein Verleger wollte intervenieren, Arnold Zweig war deshalb zu Ministerpräsident Grotewohl gegangen, Beatrice Zweig schlug vor, mich in ihrem Haus zu verstecken. In irgendeiner Kulturstelle sagte ein empörter Herr Schmidt, er hätte einen Bericht über meine kulturelle Bedeutung geschrieben. In irgendeiner politischen Staatsstelle sagte ein augenscheinlich entscheidender Mann mit einem runden weißen Hals, daß ich froh sein könnte, wenn man mich nicht verhaften würde, weil ich mich »von einer imperialistischen Fluglinie« hierher hatte transportieren lassen. Er meinte damit *British Airways*. Er war so sehr das Gegenstück zur Ratte in Scotland Yard, daß ich von ihm ebenso wortlos ging.

Auf der Fremdenpolizei war man bei meinem Wiederkommen am Nachmittag niedergeschlagen. Es sei nichts zu machen, vermutlich käme die Anweisung von dem neuen Staatssicherheitsministerium. Ich sagte, ich nähme die Beleidigung, grundlos aus einem Land ausgewiesen zu werden, nicht hin, schlug dem Abteilungsleiter vor, mich zu verhaften, dann müßte man zumindest sagen warum. »Tun Sie das nicht«, sagte er ernst. »Bei uns kann man nicht wissen, wie das endet.« Riet, mich ordnungsgemäß abzumelden, dann könnte ich meine Freunde hier besuchen; es läge keine Anklage vor, nur die: Der Aufenthalt sei unerwünscht. »Sie müssen sich jetzt aber ausruhen«, sagte er fürsorglich. »Sie müssen schlafen«, er übernähme persönlich die Verantwortung dafür, die Frist um vierundzwanzig Stunden zu verlängern. Nun sah ich, daß ich den ganzen Tag das Exemplar meines Buchs, um das der Abteilungsleiter vor der Sintflut gebeten hatte, mitgeschleppt hatte. Er griff danach:»Bitte, schreiben Sie mir eine Widmung hinein.« Und, als ich bitter sagte, von mir, die man eben ausgewiesen hatte, manifestierte sich wieder die andere Seite der Welt:»Was glauben Sie denn von unsereinem!« Er bäte um die Ehre. Er war im KZ gewesen.

Eine Verlegerin ließ sich verleugnen, aber bei der DEFA schrieb der Kassier ungefragt eine Kassenanweisung für das ganze künftige Filmhonorar aus.»Sie brauchen jetzt Geld; aber heben Sie es gleich ab.« – »Was werden Sie machen?« Die persönliche Sorge um mein Schicksal kam von vielen Seiten, mit Scham, Wut, mit Hilflosigkeit, Verwirrung, so daß ich meine Verzweiflung eindämmte; sie hätte es für andere unerträglich gemacht. Ich hatte mich selber. Ich war von nichts abhängig.

Meine Ausweisung schien wie ein Menetekel, das einsetzte, das niemand verstand und das eine sinistre Entwicklung versprach.»Das neue Staatssicherheitsministerium, die Leute aus Moskau«, murmelten die Polizisten.

Ich fuhr in meine Wohnung, packte die Sachen, löste mein Konto auf und verließ mit der U-Bahn Ost-Berlin. Ich fuhr zu den einzigen Bekannten im völlig fremden West-Berlin, einem alten jüdischen Ehepaar, ins Niemandsland, wie gewichtslos in einen luftleeren Raum gewirbelt.

Mit einem brutalen Schlag war die wichtige Lebensperiode der Sympathie beendet,»wie hinter den Fersen abgeschnitten«. Damit hatte ich ins reine zu kommen, mit allen Konsequenzen, nicht mich zu beklagen oder, wie erwartet in solchen Fällen, als Flüchtling bei den amerikanischen Besatzungsbehörden zu melden. Große Bilanz kann nicht schnell und nicht in der Verwirrung gemacht werden. Unklar fühlte ich, daß das, was ich erlebt hatte in diesem Jahr, einen Sinn ergab, obwohl ich ihn noch nicht verstand und empört, beleidigt war, wie sich Denunzianten aller Länder vereinigten. Ich brauchte schweigende Zeit. Das Schicksal belehrte mit harten Lektionen, die man zu begreifen hatte, nur schienen zwei solche Lektionen binnen eines Jahres fast zuviel. Vorerst bestand die Aufgabe darin, einfach standzuhalten.

Es stellte sich bald heraus, daß ich nur die erste einer Reihe ausländischer »sympathisierender« Intellektueller war, die ausgewiesen, der gemeinsame Nenner, daß sie alle Juden waren. Man munkelte etwas von »Zionismus«. Von Zionismus wußte ich damals kaum etwas. Es war die Losung in Prag, in Moskau. In Deutschland – Deutschland! – war sie unfaßbar.

Ich fand mich an einen Platz geschwemmt, »wohin ich nicht wollte«, in Deutschland mit seiner jüngsten Vergangenheit, ungemildert durch Freundesumgebung. Ich war völlig allein.

Ich blieb vierzehn Jahre in West-Berlin und war damit wieder, wie ununterbrochen seit 1936, auf einer Insel. Das heißt: einer modernen Insel, in einem der immer zahlreicher werdenden Länder, die nur von gegnerischen Grenzen umschlossen waren. 1936 war die Tschechoslowakei durch den Anschluß Österreichs zu solcher Insel geworden, ab 1939 England, selbst abgesehen von seiner geographischen Formation, und nun West-Berlin, Enklave in der umschließenden DDR.

Es enthüllte sich in langsamer, schweigender Auseinandersetzung die zweite Lektion – meine Ausweisung – als relativer Segen in einer Verkleidung. Einer sowieso anstehenden Entscheidung hatte man nicht auszuweichen. Eine im Prinzip unklare Situation hatte sich radikal gelöst. Es war kalter Krieg. Ich war, wie es sich gehörte, zwischen die Fronten Europas geraten.

Schweigend hatte die Klärung zu geschehen.

Ein Sinn der ersten und der zweiten harten Lektion erwies sich jedoch auch darin, den jüdischen Hintergrund in seinem ganzen Ausmaß zu begreifen. Auch dazu war ich anscheinend hergeschwemmt worden. Es hatte persönlich einschneidende Folgen; führte, diesmal nicht mehr geworfen, sondern individuell gewählt, zum Leben auf der vierten Insel.

»Nein, ich lebe nicht in Ost-Berlin«, sagte ich Mitzi. »Ich lebe in Jerusalem.« Leider hätte ich keinen Abend mehr frei.

SCHADE?

Die Welt ist voll gewaltiger Lichter und
Geheimnisse, und der Mensch verstellt
sie sich mit seiner kleinen Hand.

Der Baal Schem Tow nach Martin Buber

Ich hatte Glück. Zur Zeit meines Besuchs gab Edith ihr letztes Klavierkonzert. Die *Times* bezeichnete es als »Höhepunkt der Londoner Musiksaison«.

In den drei, vier Jahren nach dem Krieg hatten wir viele Abende miteinander verbracht, mit Musik, mit Gesprächen, mit Nachtmahlen, auch zu dritt, mit dem von ihr über alles geliebten Mann, Alfred Rosenzweig, Wiener Musikwissenschaftler und früher Mahlerforscher, ihrem Inspirator. Dann war er an seinem Lungenleiden gestorben, und ich blieb ihr ein Zeuge seiner Existenz, denn sie hatten sehr zurückgezogen gelebt, jeder in seiner Arbeit und miteinander.

Überraschend hatte Edith nach Alfreds Tod einen musikverständigen Engländer geheiratet, der ihre Angelegenheiten regelte, und von Donnerstagnachmittag an verbrachten sie das Wochenende in einem Dorf in Sussex, wo er ein kleines Haus hatte, die große Scheune daneben zu einem Studio für Edith ausgebaut. Dort übte sie ungestört, wozu in London keine Zeit blieb, mit ihrer Arbeit an der Masterclass des Konservatoriums.

Beim Hereinkommen hatte ich das Bild auf dem Flügel für ein Beethoven-Portrait gehalten, sah dann, daß es Alfreds war. Du siehst es also auch, sagte Edith, und spielte mir Schubert, wie nur Edith Schubert spielte. Es schauderte mich, wie vergessene Erinnerung heraufstieg an die lauen Märzwinde, wie sie in den tiefen Tälern des Wienerwalds die letzten Schneereste auf dem abgefallenen Laub vom vergangen Jahr schmelzen lassen und unter dem toten Braun die blaßblauen Leberblümchen hervorlugen und man in der hereinbrechenden Dämmerung von den durchnäßten Schuhen heraus zu frieren beginnt; vor dem auferstehenden Schmerz schaudert es einen, der, ihn unüberwindend, mit zögernden letzten Tönen doch in Dur schließt.

»Und wie ging es dann weiter in Berlin?« fragte Edith behutsam.

»Ich habe als Psychotherapeutin gearbeitet«, sagte ich.

»War das nicht schade?« fragte Edith.

Begreifen von Schlägen braucht seine Zeit zu ihrer Ent-Täuschung, wie Erich Fromm das Wort so erhellend dechiffriert. Beide Seiten hatten den identischen Irrtum begangen: Von sich auf andere zu schließen. Ich hatte gedacht, sie sind wie ich, sie dachten, ich sei wie sie. Ich habe dafür schwer bezahlt.

Im Urlaub in den Tiroler Alpen – ermöglicht durch die Tantiemen für die italienische Ausgabe der *Perlmutterfarbe* – erwiesen sich die Felsen nicht wie erwartet, wie damals benötigt, als fester Granit, sondern als Pseudo-Felsen: Wie eine Lektion stand die Silhouette der bröckelnden Kalk-Karawanken am Horizont.

Wie konnte man in solchem Zustand Psychotherapie machen? Alles Nicht-Zugehörige war zwar abgefallen, und, was an falscher Stelle investiert gewesen, begann als Ur-Eigenes bereichert zurückzukehren. Was aber bedeutete Psychotherapie an diesem Ort der Zerstörung, Verwirrung, Schuld, Entwurzelung – in der allgemeinen Atmosphäre ohne Maßstäbe? Wo war mein Platz?

Wie ich von Doktor Schaefer hörte und woher ich die Initiative nahm, zu ihm zu gehen, daran erinnere ich mich nicht.

Doktor Schaefer war einer der bekannten Ärzte West-Berlins, der vertraute Arzt der Prominenz, der Künstler und Politiker wie auch seiner Krankenkassenpatienten. Früher oder später erwähnte jeder, den er zu mir als Patienten schickte, daß Doktor Schaefer nicht nur sein Arzt, sondern auch sein Freund sei. Auf dem kleinen Schild am Praxishaus in der Giesebrechtstraße – die Emaille war von Schrapnells abgesplittert – stand nur Dr. H. Schaefer, Arzt. In seinen Wartezimmern saßen manchmal auch verwöhnteste Leute bis in den Abend hinein, wenn über der Tür zu seinem Praxiszimmer das rote Lämpchen brannte, denn er nahm sich für jeden Patienten so viel Zeit, wie er es für nötig befand, besänftigte niemanden. Dafür volontierten die Sekretärin, die Schwestern. Er hinkte dann von den Untersuchungen ins Praxiszimmer, wo der nächste Patient wartete, sagte etwas Schnoddriges, absolut Vertrauenswürdiges, und jeder Groll schwand. Er duzte alle. Ich blieb eine der wenigen, zu der er von Anfang an »Sie« sagte.

Ich erklärte damals nicht viel, sagte nur, ich sei Psychotherapeutin und wolle ihn fragen, ob er mit mir arbeiten würde. Direkt. Er schaute auf und sagte dann, jaja, mit Ihnen werde ich arbeiten. So begann unsere ideale, vierzehnjährige Zusammenarbeit im Hexenkessel West-Berlin der fünfziger Jahre, die allen Störungen und Intrigen widerstand, denn Zürich ruhte nicht, bis er mich schließlich, als ich nach Israel ging, unter Protest die unersetzliche Partnerin seiner Arbeit nannte.

Ich ahnte zuerst nicht, daß sich mit dieser vertrauensvollen Zusammenarbeit ein Wunschtraum der deutschen Psychotherapeuten verwirklichte, die klagten, daß sie von Medizinern nicht ernst genommen würden. Meine Erfahrung war eine andere. Der Chefarzt des »Jüdischen

Krankenhauses« (dieser Name war für das Bezirkskrankenhaus von Gesundbrunnen geblieben), an dem ich vierzehn Jahre lang arbeitete, erklärte nach anfänglicher Skepsis, er würde nie wieder eine Innere Abteilung ohne einen Psychologen leiten – »aber nur mit einem Nicht-Mediziner«. In der Folge entstand dort die erste psychosomatische Klinik an einem Berliner allgemeinen Krankenhaus, die bis heute besteht. Auch eine Reihe anderer Kliniken zogen mich zu.

Mit Doktor Schaefer hatte sich wieder die durchs Leben gehende Erfahrung manifestiert, daß Essenz direkt anzusprechen ist. Das hat Sicherheit gegeben und im Grunde Furchtlosigkeit in einem oft so ungesicherten Lebensverlauf, hatte manche schlimme Situation blitzartig durchbrochen, hatte sich erwiesen in verschiedensten Ländern, mit einfachen wie mit differenzierten Leuten. Es hatte das in der Arbeit gelegentlich »Verrückte« blitzartig in den mitmenschlichen Raum gerückt.

Als ersten Patienten wollte mir Doktor Schaefer einen vierzigjährigen Modeschöpfer vermitteln, der seit einigen Monaten in seiner Villa in Grunewald festsaß, weil ihn jenseits des Gartenzauns lähmender Schwindel überfiel. Lange Behandlung durch einen bekannten Fachmann war ergebnislos geblieben; und so begleitete ich Doktor Schaefer bei seiner Visite, blieb dann allein mit dem Patienten im Garten zurück, der schilderte, wie der Zustand sein Leben lähmte, während ich nur schweigend zuhörte. Schließlich fragte er mit höflicher Skepsis, ob ich meine, ihm helfen zu können, wo doch Professor S. es nicht geschafft hätte. Ich konnte nur antworten: Vielleicht würde ich ihm helfen, die Antwort selber zu finden; er solle mich anrufen, wenn er einen Traum hätte. Er war verblüfft. Dann bestellten wir ein Taxi.

Er rief am übernächsten Tag an; aber vorher hatte schon Doktor Schaefer angerufen: was hätte ich nur gemacht, der Patient sei bereits in die Stadt gefahren.

Der kam zu mir, überglücklich: Er sei befreit! Ja, einen Traum hätte er gehabt, aber nichts Besonderes.

Der Traum – der Inhalt sei hier ausgeklammert – war mehr als überraschend. Der Patient hatte sich tatsächlich seine – obwohl ihm noch unverständliche – Antwort gegeben; die aber war so fern von seinem Bewußtsein, daß ich mit keinem Wort darauf einging. Doch zwei Sitzungen später bestätigte sie sich überraschend in einem massiven Gefühlsausbruch. Ich selber verstand noch nicht, was den Vorgang in Bewegung gesetzt hatte.

Ähnliches hatte sich, wie schon vorher erwähnt, mit der Frau eines Schriftstellers ereignet. Auch hier war das Symptom (monatelange Absenz) nach der ersten schweigenden Sitzung, der ein Traum gefolgt war, geschwunden, als wäre es ein Kurzschluß gewesen; und als wäre hier durch mein voraussetzungsloses, intensives Zuhören sozusagen ein Kraftfeld entstanden, in dem sich die Inhalte rearrangieren konnten. Danach konnten die Behandlungen beginnen. Es hatte nichts mit den wohlbekannten »Sofortheilungen« zu tun, wo die Bedeutung der Symptome offenkundig wurde, sobald sie angesprochen wurde.

Natürlich ereignete sich solches Geschehen selten.

Tiefen Einblick aber in ein Phänomen unserer Zeit ermöglichte der Zufall, daß ungefähr zur gleichen Zeit zwei junge Männer mit bedrohlicher Symptomatik mir von zwei verschiedenen Ärzten überwiesen wurden: Der eine ein einstiges jüdisches Kind, der andere ein einstiges Kind eines Nazis. Ihre jetzige Existenz zeigte in keiner Weise Reste aus der vergangenen Zeit. Doch was sich in der fortgesetzten Behandlung grausig entrollte, erwies, daß die Ideologien ihrer Kinderzeit die Seelen unbewußt weiter vergifteten und das gleicherweise die des Sohns des Verfolgers wie die des Verfolgten. Die Erkenntnis dieses weitreichenden Phänomens wurde erst dreißig Jahre später von der Psychologie wahrgenommen. Jetzt endlich wird es erforscht, dieses über Generationen schwelende Erbe.

»War es also schade?« fragte ich.

»Du Idiot«, sagte Edith leise; nach einer Pause: »Und trotzdem bist du nach Israel gegangen?«

»Es ist gut, aus Fertigem zu gehen; die Frage des Holocaust aber hatte sich mir mit aller Intensität gestellt. Ich hatte das grandiose *Jossel Rackower spricht zu Gott* von Zvi Kolitz aufgefunden, die Verwirrung darum geklärt, es übersetzt, kommentiert und weithin in Deutschland zur Kenntnis gebracht, schien eigene Antworten auf diesbezügliche brennende Fragen gefunden und formuliert zu haben. In Berlin gab es Gefälligkeitsmanipulationen von jüdischer Seite; sie waren nicht zu tolerieren. Es gab eine vielleicht zu taktvolle Alternative: Meinen mich von Geburt an begleitenden österreichischen Paß hatte ich nicht gewählt: Israel jedoch war nun eine historische Konsequenz. Ich ging nach Jerusalem und nahm die israelische Staatsbürgerschaft an.«

Edith hatte intensiv zugehört.

»Und Israel?« fragte sie dann.

»Die Welt ist auch dort die Welt, und die Menschen sind dort schließlich auch nur Menschen, auch mit unse-

rer supra-historischen Geschichte. In historischer Konsequenz aber bin ich dort – for better or worse – eine von
Millionen Israelis. Das scheint mir richtiger als alles andere.«

ENDE EINER REISE

Und was du weißt, hat keinen anderen Ort.

Elisabeth Borchers

Die dreißig Tage meiner Reise waren abgelaufen, und ich saß in der Abflughalle von Heathrow, zusammen mit Hunderten Passagieren nach aller Herren Länder. Da meldete El Al über Lautsprecher Verspätung und bot seinen Fluggästen Erfrischungen in der Cafeteria an, und so machte ich mich auf den Weg dorthin. Im Gewirr des entgegenkommenden Menschenstroms stieß ich mit einem Mann zusammen und sagte nicht »Pardon«, sondern erstaunlicherweise »Slicha«. Hebräisch. Pardon auf hebräisch.

Kurz darauf rief El Al zum Rückflug nach Israel auf.

Inhalt